2931

AF469470

MA MÈRE

L.n 27
42838

ÉMILE COLIN — IMPRIMERIE DE LAGNY

MA MÈRE

SOUVENIR

DE SA VIE ET DE SA SAINTE MORT

PAR

MGR DE SÉGUR

DOUZIÈME ÉDITION

PARIS

LIBRAIRIE SAINT-JOSEPH

TOLRA, LIBRAIRE-ÉDITEUR

112 *bis*, RUE DE RENNES, 112 *bis*

—

1893

Tous droits réservés

J'avais d'abord recueilli ces souvenirs de la vie et de la bienheureuse mort de ma mère pour l'intimité de la famille. Plusieurs personnes à qui ils avaient été discrètement communiqués, en furent vivement touchées; on m'assura tellement qu'ils pourraient faire du bien à grand nombre d'âmes, que je me suis décidé à les publier, après en avoir retranché toutefois certains détails par trop intimes.

En cédant à ces désirs, je crois rendre à la mémoire bénie de ma mère un hommage cent fois mérité, et j'espère que les familles chrétiennes où les livres si charmants, si aimables de ma bonne mère ont pénétré, seront heureuses de la connaître davantage et de savoir

PRÉFACE

de quelle source découlaient ces eaux toujours pures et gracieuses, qui fécondaient l'esprit et le cœur de leurs enfants.

*J'ose demander à ces chers enfants, non moins qu'à leurs parents, **de** prier pour ma mère, bien que j'espère grandement de la miséricorde du bon DIEU que ces prières ne doivent plus être que des actions de grâces.*

LOUIS-GASTON DE SÉGUR.

Paris, mai 1875.

MA MÈRE

I

Ma mère bien-aimée était née à Saint-Pétersbourg le 19 juillet 1799, jour qui, selon la manière de compter des Russes, correspond chez eux au 1er août. Il est d'usage, en Russie, de donner aux enfants le nom du Saint ou de la Sainte du jour même de la naissance. Ma mère fut donc baptisée sous le nom de *Sophie*, la fête de sainte

Sophie de Constantinople se célébrant le
1er août, d'après le calendrier oriental.

D'après un autre usage de l'Église grecque, ma mère fut baptisée et confirmée
le même jour. Elle eut pour parrain l'empereur Paul Ier, dont mon grand'père, le
comte Rostopchine, était alors le premier
ministre. Il avait obtenu sans peine, de
l'affection que lui portait le czar, cette faveur précieuse.

Mon grand-père Rostopchine était un
des plus grands propriétaires et seigneurs
de Russie. Il descendait en droite ligne du
célèbre prince tartare Kingis-Khan (Gen-
gis-Khan), dont un fils, Rastap-Scha,
était venu s'établir en Russie.

Militaire dès sa jeunesse, le général
comte Rostopchine était un homme émi-
nent, et par l'esprit, et par le cœur, et
par le caractère. Il avait une de ces im-
menses fortunes territoriales dont on n'a

même pas idée en France, possédant vingt terres, dont plusieurs avaient quinze et vingt lieues de tour. Lors de la naissance de ma mère, il avait trente-quatre ans. Il eut huit enfants, dont un seul survit aujourd'hui, le comte André Rostopchine, le dernier de tous.

Mon grand-père mourut à Moscou, le 30 janvier 1826, dans sa soixante et unième année. Sa dernière action, avant de rendre son âme à DIEU, fut de faire un grand signe de croix.

Il avait épousé en 1795 la comtesse Catherine Protassow, l'une des plus charmantes jeunes filles de la cour de l'impératrice Catherine. Elle n'avait pas encore vingt-quatre ans lorsqu'elle donna le jour à ma mère, son quatrième enfant. Elle était extraordinairement instruite et tout appliquée à ses devoirs de mère de famille et de maîtresse de maison. Elle eut le bonheur de se faire catholique à l'âge de trente-deux ans, en 1806. Elle mourut à quatre-vingt-quatre ans, à Moscou, après avoir mené la vie d'une véritable Sainte. Elle communiait tous les jours, faisait matin et soir une heure d'oraison, priait sans cesse, ne s'occupait que de Dieu et de ses enfants, et donnait aux pauvres avec une libéralité inépuisable, se contentant pour elle-même de deux ou trois pauvres robes, grises ou brunes, en toile unie, une seule de soie pour les grandes fêtes. Quand elle mourut, elle n'avait pas un seul cheveu blanc; elle avait conservé toutes ses dents; et, bien qu'elle travaillât six et huit heures par jour, elle n'avait jamais eu besoin de lunettes.

Tels étaient les parents de ma mère (1).

(1) On pourra trouver dans la *Vie du comte Rostopchine*, par mon frère, le marquis de Ségur, quantité de détails pleins d'intérêt sur la vie publique et privée de mon grand-père, sur la conversion de ma grand-mère et de trois de ses sœurs, etc.

II

D'après tout ce que j'ai pu recueillir en
Russie, et d'après les quelques lettres qui
nous restent de cette époque, ma mère
montra, dès ses plus jeunes années, un
esprit remarquable, très-original, très-fin,
très-sérieux; à un excellent cœur, plein
de générosité et de tendresse, elle joignait
un charmant caractère : elle était toujours
joyeuse, d'humeur égale; elle avait pour
l'étude autant de facilité que d'attrait. A
cinq ans, grâce à plusieurs bonnes et gou-
vernantes étrangères qui prenaient soin
d'elle, elle parlait, lisait et commençait à

écrire le français, le russe, l'allemand et l'anglais.

J'ai vu à Moscou un portrait d'elle à cet âge. C'était une bonne grosse petite fille, au visage tout épanoui et souriant; ses cheveux d'un beau blond cendré étaient coupés court, à la Titus; ses yeux vert-brun assez clair petillaient d'esprit; on remarquait déjà les éléments d'une robuste constitution et d'une tournure gracieuse. Les pommettes étaient un peu saillantes, les yeux très-grands, la bouche un peu grande, le teint blanc et rose, éblouissant de fraîcheur; en un mot, un vrai type d'enfant russe.

Ma mère passa les premières années de son enfance tantôt à Moscou, tantôt à Voronovo, immense et magnifique terre de vingt lieues de tour, où ma grand'mère Rostopchine m'a montré en 1841 et en 1843, les chambres et endroits témoins de ces anciens souvenirs. En 1812, lors de l'incendie de Moscou, dont mon grand'père a été, sinon matériellement, du moins moralement le patriotique auteur, ma mère, qui venait d'avoir treize ans, avait été envoyée, avec ma grand'mère et avec ses frères et sœurs, à trente-six lieues de la capitale, d'où elle voyait, m'a-t-elle dit, tous les soirs, pendant plus de huit jours, non les flammes mêmes du grand incendie, mais tout l'horizon en feu, semblable à une aurore boréale. Ces flammes s'élevèrent, en effet, à plus de huit cents pieds.

Le jour même du départ, il s'était passé une scène bien touchante qu'à l'âge de soixante-dix ans, ma pauvre mère se rappelait encore comme si elle y était. Mon grand'père avait réuni sa femme et ses cinq enfants, dans une des salles du rez-de-chaussée de son palais de Moscou, que

trente ans après j'ai eu le bonheur de visiter. Là, après avoir longtemps serré dans
ses bras la compagne de sa vie qu'il pensait
ne plus revoir, il se mit à genoux devant
elle, lui baisant les pieds malgré tous ses ef-
forts. « Mes enfants, dit-il, peut-être ne nous
reverrons-nous plus en ce monde. J'ai voulu,
avant de vous dire adieu, vous bénir et demander pardon devant vous à votre mère
des peines que j'ai pu lui causer. C'est une
sainte, et j'aurais dû suivre toujours ses
conseils. Souvenez-vous de ce moment, et
si je meurs, obéissez-lui comme à moi-
même. »

Et, se relevant, il embrassa en pleurant
sa femme et chacun de ses enfants, et se
déroba aussitôt à leurs regards. Ma mère se
rappelait à ce sujet une petite circonstance
qui faisait le côté comique de ce véritable
drame : au moment où l'on était venu
l'appeler pour se rendre auprès de son

père, elle mangeait avec un appétit d'enfant quelques gimblettes, petite pâtisssserie
dure et sèche, en forme d'anneau, qui est
très-goûtée en Russie. Appelée à l'impro-
viste, ma mère avait saisi le reste des gimblettes, et craignant qu'on ne les lui prît,
elle les tenait cachées dans sa main der-
rière le dos. Elle se souvenait parfaitement
du double sentiment qui partageait son
cœur : l'émotion bien naturelle à une enfant de treize ans devant une scène si solennelle, et la crainte de perdre ses gimblettes dans la bagarre. — Six semaines
après, quand elle revint à Moscou, le feu
brûlait encore sous les cendres. Tout avait
été dévoré, sauf les gros murs des églises
et des palais, qui étaient tous en briques
et avaient six à huit pieds d'épaisseur.

Jusque-là, ma mère était schismatique
grecque, comme toute sa famille. Ma
grand'mère Rostopchine avait eu le bon-

heur de se faire catholique six ans auparavant, comme je l'ai dit. Sa sainte vie
et ses paroles furent pour ma mère la lu-
mière du salut.

En entendant les fréquentes conversations, ou, pour mieux dire, discussions de
ma grand'mère Rostopchine avec l'archi-
mandrite (ou archevêque) de Moscou, le
très-savant Philarète (qui, au bout de cinq
minutes, était régulièrement mis par elle
au pied du mur), ma mère comprit aisé-
ment de quel côté se trouvait la vérité;
elle demanda des livres, réfléchit, et, une
fois convaincue, elle n'hésita pas un instant
à se faire catholique, comme son admirable mère. C'était à Moscou, en 1814.
Je regrette vivement de n'avoir pas demandé à ma mère la date précise de ce
grand acte de sa vie. Mon grand-père, alors
absent, fut très-irrité lorsqu'à son retour
il apprit ce qui s'était passé; mais son

excellent cœur pardonna bientôt. Il aima
toujours très-tendrement et très-particu-
lièrement ma mère.

Seule, hélas! entre ses frères et sœurs,
ma mère eut l'insigne bonheur de quitter
le schisme pour embrasser la seule véritable Église; sauf, toutefois, sa dernière
sœur, nommée Lise, qui, déjà connue en
Russie et en France pour sa ravissante
beauté, ainsi que pour les charmes de son
esprit et de son cœur, se fit catholique la
veille même de sa mort, à Moscou, le
11 mars 1824, à l'âge de dix-sept ans. En
annonçant cette cruelle perte à sa sœur, la
princesse Galitzin, elle aussi convertie à la
foi et chrétienne digne des premiers
siècles, ma grand'mère commençait ainsi
sa lettre : « Ma sœur, félicitez-moi; Lise
est morte, mais elle est morte catholique. »

Cette rare et chrétienne énergie de ma
grand'mère ne s'est jamais démentie. Elle

la puisait dans une foi profonde, dans une prière continuelle et dans un entier détachement de tout ce qui n'était point JÉSUS-CHRIST. En voici un curieux exemple, qu'elle m'a raconté elle-même en 1841, et qui venait alors de lui arriver.

Chaque matin, elle allait à la messe pour y communier, ainsi que je l'ai déjà dit. A Moscou, où il n'y avait que deux églises catholiques, toutes deux fort éloignées, elle allait en voiture à Saint-Louis des Français; et, selon l'usage des personnes riches, sa calèche était toujours attelée de quatre chevaux. La colonie catholique de Moscou n'était guère fervente; peu de personnes assistaient à la messe pendant la semaine, et d'ailleurs, ma grand'mère Rostopchine était, sinon la seule catholique riche de la ville, du moins la plus riche. Aussi était-elle seule à se rendre ainsi chaque jour à l'église en équipage.

Un jour, elle reçoit la visite d'un personnage inconnu, fort poli, fort obséquieux. « Madame la comtesse, lui dit-il, vous allez chaque matin en voiture à l'église catholique de Saint-Louis des Français. Permettez-moi de vous prévenir que cela fait un mauvais effet. Si M. le gouverneur de Moscou le savait, il pourrait s'en irriter, etc. » — « Monsieur, lui répond ma grand'mère fort surprise, permettez-moi à mon tour de vous prier de vous mêler de vos affaires. Je sais ce que je fais ; je l'ai fait depuis trente ans, et je continuerai. » Et elle le congédia sans plus de façon.

Le lendemain se présente, en grand uniforme, un officier de police : « Madame la comtesse, je viens de la part de M. le gouverneur. Hier, un avis officieux vous a été donné. Celui que je vous apporte aujourd'hui est officiel. Son Excellence vous prie de veiller davantage sur vos faits et gestes

parce que, si vous continuiez ces manifes-
tations catholiques, M. le gouverneur se
verrait obligé d'en écrire à l'empereur. »
C'était alors l'empereur Nicolas, qui ne
connaissait guère les ménagements dès
qu'il s'agissait de catholicisme.

Sans se laisser intimider autrement, ma
grand'mère répondit à l'officier : « Monsieur, allez dire au gouverneur qu'il ne se
donne pas la peine d'écrire à l'empereur;
je vais le faire moi-même, et dès aujour-
d'hui. » Et voici quelle fut à peu près sa
lettre :

« Sire, le gouverneur de Moscou me
menace de prévenir Votre Majesté que je
suis catholique, et que je vais tous les jours
ostensiblement à l'église catholique, en
voiture, comme j'ai l'habitude de le faire
depuis que j'ai eu le bonheur de quitter
le schisme pour entrer dans le sein de la
veritable Église.

« En agissant ainsi, j'use d'un droit que me donnent et le bon sens, et la loi. Je ne fais rien d'extraordinaire, et rien n'est plus loin de ma pensée que de vouloir irriter qui que ce soit par une ridicule ostentation. Je continuerai donc comme par le passé.

« Votre Majesté peut, si elle le veut, me faire arrêter comme coupable d'être et de me montrer catholique ; elle peut confisquer mes biens et me faire conduire en Sibérie : tout m'est parfaitement égal. Ce qu'elle ne pourra jamais faire, c'est de m'empêcher de suivre ma conscience, de me faire abandonner ma foi et de me détourner du service de mon DIEU.

« Sire, prenez garde à vous ! Dans quelques années vous mourrez comme tout le monde ; vous serez jugé ; et si le souverain Maître vous trouve, comme vous l'êtes en ce moment, hors de son Église, qui est la sainte Église catholique, apostolique, romaine, et elle seule, il vous condamnera; et votre puissance actuelle ne vous empêchera pas d'aller en enfer. Que votre Majesté y songe sérieusement : il y va de son salut ! »

La lettre partit ; elle fut remise à Nicolas. Quant à ma grand'mère, elle n'entendit plus parler de rien, et continua le reste de sa vie à se rendre chaque matin, ouvertement, aux mêmes heures et dans le même équipage, à son église de Saint-Louis des Français.

Depuis sa conversion, ma mère communiait au moins une fois par semaine. En 1817, elle suivit son père et sa mère à Paris, où, grâce à la médiation amicale de madame Swetchine, intime amie de ma grand'mère Rostopchine, ainsi que de ma grand'mère Ségur, elle épousa mon père, le 14 juillet 1819. Ils furent mariés par

le Cardinal de la Luzerne, dans sa chapelle privée.

Mon père, le comte Eugène de Ségur, était né à Paris, le 15 février 1798. Par sa mère, il était l'arrière-petit-fils du chancelier d'Aguesseau, ainsi que du président de Lamoignon. Par son père, il était arrière-petit-fils du marquis de Ségur, maréchal de France et ministre de la guerre sous Louis XVI; et petit-fils du comte de Ségur, ambassadeur de France auprès de l'impératrice Catherine de Russie, grand-maître des cérémonies sous le premier Empire, pair de France, membre de l'Académie, et auteur d'une *Histoire universelle*, malheureusement peu chrétienne. Mon grand-père, le comte Octave de Ségur, étant mort en 1818, et mon arrière-grand-père en août 1830, mon père, qui était l'aîné, devint chef de la famille, et hérita de la pairie. Je ne sais pourquoi il ne reprit point alors le titre héréditaire de marquis, qui, depuis deux siècles, distinguait l'aîné de la famille ; ce fut sans doute pour ne point paraître blâmer son grand-père, qui avait cru devoir accepter de Napoléon Ier un titre de comte de l'Empire, et qui, d'ailleurs, avait été fort connu sous le titre de comte de Ségur, du vivant du maréchal. Lorsqu'il se maria, mon père n'avait pas encore vingt-deux ans.

III

Ma mère eut huit enfants, dont je suis l'aîné, quatre garçons et quatre filles. Sauf son second enfant, appelé Renaud, qui mourut au bout de quelques semaines, elle eut le rare bonheur de les conserver tous durant sa longue carrière; une seule de ses filles, Religieuse de la Visitation, ma sainte et douce sœur Sabine, devait la précéder dans l'éternité, comme nous le verrons.

Ma mère aima ses enfants avec une véritable passion, et Dieu sait si nous lui rendions amour pour amour. Elle se sacrifia pour nous toujours, toute sa vie, jusqu'à son dernier soupir.

Sa belle et forte constitution finit par succomber sous les fatigues de la mater-nité; et de longues, de dures et très-dures souffrances, qu'un absurde médecin ne sut qu'aggraver, l'obligèrent à rester éten-due sur un lit de douleur, pendant plus de treize ans. Dans cet état si pénible, elle gardait toujours sa bonne humeur, sa gaieté, sa douceur inaltérable; elle était toujours la même, ne se plaignant jamais, uniquement préoccupée de nous, de notre santé, de nos joies, de notre bonheur.

Elle avait même conservé sa noble tour-nure, ainsi que ses magnifiques cheveux, devenus, avec l'âge, châtain - cendré. Quand elle était plus jeune, elle était svelte et agile, se mêlant à nos jeux; et, quand le mauvais temps nous empêchait de sortir, elle nous contait mille belles histoires, trouvant toujours de nouveaux moyens de nous amuser.

Sans être régulière de visage, elle avait un si bon, si aimable et si fin sourire, ses grands yeux avaient tant d'expression et de vie, la bonté, l'esprit, la franchise éclataient si bien en elle, qu'elle était sympathique à tous ceux qui l'approchaient. Nos oncles, nos tantes et nos autres parents l'appelaient habituellement « la bonne Sophie. »

Dans les dernières années de sa vie, la souffrance et la pensée habituelle de l'éternité lui avaient donné quelque chose de grave et, pour ainsi dire, de viril ; et sa taille un peu voûtée la faisait croire beaucoup moins grande que jadis. Presqu'aucun de ses portraits, ni même de ses photographies, n'a pu rendre le charme de sa physionomie.

Ce que ses photographies reproduisent

très-fidèlement, c'est l'énergie et la franchise qui faisaient le fond de son caractère. Elle tenaît cela de son père, à qui elle ressemblait d'ailleurs beaucoup, physiquement et moralement. Elle n'avait peur de rien.

Cette énergie allait parfois jusqu'à la témérité. Voici un trait qui pourra en donner une idée. Ma mère avait trente et quelques années. Elle était aux Nouettes ; c'était l'été ; et à cause des grandes chaleurs, elle avait laissé ouverte la porte de sa chambre à coucher. Cette porte, qui donnait sur le grand corridor du premier étage, était tout près du palier de l'escalier principal, lequel aboutissait au vestibule d'entrée. Sur ce vestibule s'ouvraient plusieurs portes du rez-de-chaussée, entr'autres celle d'une petite salle à manger, qui communiquait avec l'office et, par l'office, avec la grande salle à manger.

Au milieu de la nuit, ma mère, qui ne dormait point, crut entendre du bruit en bas, dans le vestibule ; elle prêta l'oreille, et entendit fort distinctement comme le bruit d'une porte qui s'ouvrait et se fermait avec précaution. « Il y a là quelque voleur, » se dit-elle ; et se levant aussitôt, sans avoir même l'idée de frapper à la porte de mon père et de l'appeler, elle passe sa robe de chambre, met ses pantoufles, et, tenant d'une main son bougeoir allumé, et de l'autre un grand couteau de voyage, elle descend l'escalier et arrive dans le vestibule.

Elle s'arrête ; elle écoute... Elle entend de nouveau ce bruit de porte du côté de la petite salle à manger. Elle avance, ouvre vivement la porte, qui était simplement contre ; et au même instant, la porte de l'office se ferme. Ma mère se dirige de ce côté, et ouvre cette seconde porte. La porte de la grande salle à manger se ferme à son tour. « Ils sont là ! » se dit-elle ; et ouvrant cette troisième porte, qu'aperçoit-elle ? Les deux croisées ouvertes toutes grandes, et toute l'argenterie pêle-mêle sur la table, sur les buffets, sur les fenêtres !... Les fenêtres étaient à quelques pieds du sol. « Je les ai pris en flagrant délit ; sans doute ils ont sauté par les fenêtres. » Et ce disant, ma mère s'approche des croisées ouvertes...

A son grand étonnement, elle n'entend rien, et aperçoit couché là tout près, notre gros chien de garde César, lequel était parfaitement tranquille. Or César était célèbre, à deux lieues à la ronde, pour sa vigilance et son caractère peu endurant. Si un voleur avait sauté par la croisée, César l'eût infailliblement happé, écharpé au passage.

Ma mère n'y comprenait rien. Elle remit avec sang-froid l'argenterie dans les armoires et dans les buffets ; elle ferma les persiennes et les croisées ; et, après s'être assurée qu'il n'y avait personne dans tout le rez-de-chaussée, elle remonta tranquillement se coucher.

Qu'était-il donc arrivé ? — Le lendemain matin, elle eut le mot de l'énigme. Un valet de chambre, remarquablement négligent et qui fut remercié à cette occasion, avait tout simplement oublié de serrer l'argenterie après l'avoir plus ou moins nettoyée ; il avait oublié de fermer les croisées ; il avait oublié de fermer les portes ; et, la nuit, quelques petits courants d'air étant survenus, avaient un peu fait battre les portes. En ouvrant la première, ma mère avait activé le courant d'air et fait fermer la seconde, et ainsi de suite.

Il va sans dire que mon père lui reprocha de s'être ainsi exposée, seule, au milieu de la nuit. Mais, je le répète, elle ne savait point ce que c'était que la peur, à moins qu'il ne s'agît de quelqu'un de ses enfants.

Cette énergie, elle l'apportait en toutes choses, et tout spécialement dans le support de la souffrance. C'était une grande âme, pleine de force et de générosité.

projets d'avenir que cette résolution ruinait par la base. Elle m'écrivait des lettres navrantes. J'étais, en effet, loin d'elle, à Rome, où je venais de débuter depuis quelques mois dans la carrière diplomatique, comme attaché à l'ambassade de France. Les lettres, qui portaient les traces de ses larmes, me déchiraient le cœur sans m'ébranler un seul instant ; et les émotions premières étaient calmées, lorsque je revins à Paris, à la fin de février 1843, pour prendre mes derniers arrangements, aller à Moscou dire adieu à ma grand'mère Rostopchine et entrer au Séminaire d'Issy, pour l'ouverture des cours du mois d'octobre. Ma pauvre mère communia avec moi le jour où je quittai les Nouettes ; mais elle était si convaincue que ne je trouverais pas le bonheur dans la vocation ecclésiastique, que son cœur maternel ne recevait de l'union au bon Dieu aucune consolation.

IV

Lorsque ma mère put reprendre ur
la vie de tout le monde, vers 1846 o
je venais d'être ordonné prêtre.

C'était à Rome que j'avais pris
grande décision, mille et mille fois l
Après y avoir pensé vaguement pe
près de trois ans, j'avais pris ma réso
d'une manière définitive. Ma pauvre
qui n'était pas alors à beaucoup près
pieuse qu'elle le devint plus tard, fu
rée à cette nouvelle. J'étais son p
enfant, et elle avait formé pour ce
croyait être mon plus grand bonhe

projets d'avenir que cette résolution ruinait par la base. Elle m'écrivait des lettres navrantes. J'étais, en effet, loin d'elle, à Rome, où je venais de débuter depuis quelques mois dans la carrière diplomatique, comme attaché à l'ambassade de France. Les lettres, qui portaient les traces de ses larmes, me déchiraient le cœur sans m'ébranler un seul instant ; et les émotions premières étaient calmées, lorsque je revins à Paris, à la fin de février 1843, pour prendre mes derniers arrangements, aller à Moscou dire adieu à ma grand'mère Rostopchine et entrer au Séminaire d'Issy, pour l'ouverture des cours du mois d'octobre. Ma pauvre mère communia avec moi le jour où je quittai les Nouettes ; mais elle était si convaincue que ne je trouverais pas le bonheur dans la vocation ecclésiastique, que son cœur maternel ne recevait de l'union au bon Dieu aucune consolation.

IV

Lorsque ma mère put reprendre un peu la vie de tout le monde, vers 1846 ou 47, je venais d'être ordonné prêtre.

C'était à Rome que j'avais pris cette grande décision, mille et mille fois bénie. Après y avoir pensé vaguement pendant près de trois ans, j'avais pris ma résolution d'une manière définitive. Ma pauvre mère qui n'était pas alors à beaucoup près aussi pieuse qu'elle le devint plus tard, fut attérée à cette nouvelle. J'étais son premier enfant, et elle avait formé pour ce qu'elle croyait être mon plus grand bonheur, des

Elle m'avoua depuis qu'elle était alors quasi-désespérée, que cet état d'angoisse ne disparut qu'au bout de cinq longues années devant l'évidence de la réalité. L'expérience s'était chargée de lui démontrer que ma sainte et belle vocation venait de Dieu, et qu'elle m'apportait, non pas du bonheur, mais le bonheur. Que de fois elle m'a dit depuis, en se moquant d'elle-même : « Je me désolais de ce qui devait me réjouir, et je versais des larmes amères sur ce qui devait faire la consolation, le bonheur et la joie de ma vieillesse ! »

Bienheureuses, en effet, les mères à qui Notre-Seigneur prend un fils pour faire de lui son prêtre, son ami intime, son cher serviteur ! C'est le salut et c'est le bonheur, non-seulement de l'élu de Dieu, mais de toute sa famille, et avant tout de sa mère.

La tendresse tout exceptionnelle que me

portait mon excellente mère, contribua puissamment à sanctifier sa vie.

Ce fut elle qui reçut ma première bénédiction sacerdotale, dans le parloir du Séminaire de Saint-Sulpice, au sortir de mon ordination, le samedi 18 décembre 1847 ; et le lendemain matin, ce fut encore elle qui, la première, reçut de mes mains consacrées la très-sainte communion, quand je célébrai ma première messe à l'autel de la chapelle de la Sainte-Vierge, dans l'église de Saint-Sulpice.

Elle n'avait, certes, jamais cessé de remplir ses devoirs religieux ; mais les soins de plus en plus astreignants que lui avait créés sa belle maternité, le délabrement progressif de sa santé, les longues années de réclusion forcée que je viens de dire, et, il faut bien l'ajouter, le milieu libéral, pour ne pas dire plus, où elle s'était trouvée jetée depuis son mariage, avaient

naturellement modifié ses anciennes habi-
tudes religieuses. Elle se remit peu à peu à
la communion fréquente, âme de la vie
chrétienne; et, à partir de l'année 1861,
elle eut le bonheur de recevoir chaque jour
le Corps adorable du Seigneur. Quelque
temps après, Notre-Seigneur lui fit la
grande et très-grande grâce d'entrer dans
le Tiers-Ordre de Saint-François. J'eus la
joie de l'y recevoir moi-même dans notre
chapelle des Nouettes, le jour de l'As-
somption, en l'année 1866, si mes souvenirs ne me trompent pas. Son nom de Tertiaire, inscrit sur son tombeau comme un
noble souvenir, fut « Sœur Marie-Françoise
du Saint-Sacrement. »

Ma mère priait beaucoup. Cinq ou six
fois par jour, elle allait à la chère petite
chapelle adorer le Saint-Sacrement. Elle
avait fait vœu de réciter tous les jours son
chapelet. Elle ajouta depuis ce que l'on

appelle « le chapelet des morts, » qu'elle récitait deux et trois fois par jour. Elle avait en effet un grand amour pour les pauvres âmes du Purgatoire ; elle leur consacrait toutes les Indulgences qu'elle avait le bonheur de gagner, et, par « le Vœu de charité héroïque, » elle leur avait fait don de tous les mérites de ses prières, de ses communions et de ses bonnes œuvres.

Pour obtenir du bon Dieu une bénédiction toute particulière sur les livres qu'elle composait pour les enfants, chaque fois qu'elle en commençait un, elle faisait vœu de faire célébrer un certain nombre de messes pour la délivrance des âmes du Purgatoire. Elle comptait beaucoup sur leur reconnaissance, une fois qu'elles seraient au Ciel.

Elle aimait tendrement et profondément la Sainte-Vierge, qui, dans sa longue agonie, la combla des dons de sa maternelle et royale tendresse. Elle était toute dévouée au Pape et à sa sainte cause. Son âme, fortement et pleinement catholique, rejetait toutes ces misérables petites nuances qui altèrent la soumission de la foi, la beauté de l'obéissance, la sainteté du dévouement et de l'amour,

V

En 1852, je quittai Paris pour aller me
fixer à Rome. Je venais d'être nommé par
le Pape Pie IX, Auditeur de Rote et Prélat
de la Maison de Sa Sainteté. Cette Préla-
ture, qui jadis avait une importance très-
grande, est considérée à Rome comme la
première après le Cardinalat; et, jusqu'à
ces derniers temps, les Auditeurs de Rote,
à la fin de leur service, recevaient la Pour-
pre Romaine avec le titre d'Archevêque.
Ma mère fut à la fois peinée et flattée de
cette nomination; et elle se consola quelque peu de mon départ, qui eut lieu dans

les derniers jours d'avril, par la perspective de venir passer avec moi à Rome
l'hiver entier.

Ce bon projet s'exécuta, en effet. Ma
mère arriva à Rome au commencement
d'octobre, en compagnie de trois de ses
filles et d'un de mes beaux-frères, Armand
Fresneau, jeune député de l'ex-Assemblée
nationale, que le coup d'État du 2 décembre
avait évincé des affaires publiques, l'année
précédente.

Mon excellente mère eut donc le bonheur de passer à Rome, auprès de moi, et
dans les meilleures conditions possibles,
tout l'hiver, depuis les premiers jours d'octobre jusqu'au 25 avril 1853. Elle eut
l'honneur inappréciable d'être reçue plusieurs fois à l'audience de Notre Très-Saint
Père le Pape, qui daigna, depuis lors, lui
conserver le plus bienveillant souvenir.
Je conserve religieusement plusieurs Brefs

de Sa Sainteté, dans lesquels le bon et saint Pape faisait mention d'elle, et lui envoyait une bénédiction toute particulière.

La foi vive, simple, aimante, de ma mère lui fit goûter Rome plus qu'à bien d'autres. Nous allions souvent faire ensemble de ces belles et saintes excursions, qui font du séjour de Rome un séjour unique au monde. C'était aux grandes basiliques, à Saint-Pierre, à Sainte-Marie-Majeure, à Sainte-Croix de Jérusalem, à Saint-Paul-hors-les-Murs; c'était aux Catacombes, où nous passâmes à plusieurs reprises de longues heures; c'était à la prison Mamertine, ou bien aux sanctuaires du Forum, au Colisée, à Sainte-Sabine, sur le mont Aventin. Aussi cette demi-année passée dans l'atmosphère si chrétien de la grande ville catholique eut-elle une influence très-profonde sur la sanctification de cette chère âme.

Nos soirées étaient délicieuses ; elles se passaient presque toujours dans l'intimité de la famille et de l'amitié, au palais Brancadoro, sur la place Colonna ; et tous ceux qui y ont pris part en conservaient, plus de vingt ans après, le plus doux, le plus aimable souvenir.

Rome est la ville des arts, non moins que de la foi. A ce point de vue encore, elle avait pour ma mère des attraits tout spéciaux. Ma bonne mère, en effet, était artiste dans toute la force du terme ; non-seulement elle s'entendait parfaitement en dessin, en peinture dans tous les genres, mais elle peignait encore elle-même avec un vrai talent ; elle réussissait surtout dans les paysages et dans les marines. Notre château des Nouettes, en Normandie, qui lui avait été donné pour étrennes par mon grand'père Rostopchine le 1er janvier 1821, était orné de quantité de toiles, peintes par elle avant la longue maladie dont j'ai parlé. Aussi les incomparables musées de Rome, ainsi que ses nombreuses églises qui resplendissent de tant de chefs-d'œuvre, ne pouvaient lasser son admiration.

Le bon Dieu daigna bénir pour ma mère ce séjour de Rome jusque dans ses moindres détails ; elle y retrouva pleinement la santé, et le temps fut si exceptionnellement, si constamment beau, que du 5 octobre, jour de son arrivée, jusqu'au 25 avril, jour de son départ, il ne plut pour ainsi dire pas une fois ; et la température fut si douce, que bien que les fenêtres du palais Brancadoro donnassent en plein nord, nous pouvions les tenir ouvertes du matin au soir. C'était vraiment merveilleux ; et jamais depuis, pendant les quatre années que j'ai eu le bonheur de passer à Rome, je n'ai vu une pareille série de beau temps.

Ces grandes joies devaient cependant être suivies presque immédiatement d'un bien grand sacrifice pour ma bonne mère. Cinq ou six jours après son départ, dans la nuit du 1er mai, je fus atteint de l'infirmité qui devait changer toute ma vie. Le matin, je me réveillai, l'œil gauche perdu. Comme il arrive trop souvent, les médecins n'y comprirent rien ; et la meilleure ordonnance que je recueillis à cet égard, fut celle que me donna gracieusement le Saint-Père, quelques semaines après l'accident. Dans une audience, il me demandait avec bonté ce qu'en avaient dit les médecins, et il ajoutait : « Pour ces maladies-là, je ne connais que trois remèdes : la bonne nourriture, l'eau fraîche et la patience. — Très-Saint Père, lui répondis-je, j'ai encore plus confiance au troisième ingrédient qu'aux deux premiers. »

Ma pauvre mère fut désolée à cette nouvelle. Mon infirmité devait cependant être pour elle la cause de bien grandes grâces : c'est elle, en effet, qui m'obtint du cœur miséricordieux de PIE IX une inappréciable faveur dont ma mère profita comme moi jusqu'à la fin de sa vie, je veux dire la permission de conserver dans ma chapelle le Très-Saint Sacrement. « Je vous l'accorde pour votre consolation, me dit le Pape avec une bonté charmante, parce que je vous aime. » En outre, ce fut cette bienheureuse infirmité, si dure en apparence, si excellente en réalité et si sanctifiante, qui fut l'occasion de mon retour à Paris, auprès de ma mère, que je ne devais plus quitter qu'accidentellement pendant les dix-huit années que la Providence lui réservait encore.

Ce fut l'année suivante, le 2 septembre 1854 que je perdis l'œil droit et devins complétement aveugle. Nous étions aux

Nouettes, tous en famille. Je pus cacher à ma pauvre mère la triste vérité pendant quelques heures; car extérieurement on ne s'en apercevait pas; mais le soir, au dîner, il fallut bien me faire aider, et ce fut une scène douloureuse. Heureusement que la résignation chrétienne vint immédiatement apaiser le cœur maternel, si tendre, si compatissant; et nous comprîmes tous bientôt que la volonté de Dieu n'est pas seulement toujours sainte, mais encore toujours bonne et très-bonne.

Dans les derniers mois de 1855, je donnai au Saint-Père d'une part, et au gouvernement français de l'autre ma démission d'Auditeur de Rote. Assimilé aux Évêques démissionnaires, je fus nommé Chanoine de Saint-Denis, et je revins auprès de ma mère le 29 janvier 1856, le jour même de la fête de ce grand saint François de Sales, qui devait bientôt prendre pour fille une

de mes sœurs et exercer sur ma mère et
sur nous tous une action si douce et si
féconde.

VI

Ma mère aimait tout naturellement les pauvres. Son bon cœur, développé par la sainte charité de Notre-Seigneur, était toujours ouvert, aussi bien que sa bourse, à tous les malheureux. Elle ne donnait pas beaucoup : elle donnait trop. Pour elle-même, elle se privait de tout ; mais pour les pauvres, comme pour ses enfants et petits-enfants, elle donnait, donnait toujours, sans jamais compter.

Elle cachait si bien ses charités, que je n'en ai jamais connu le détail que par hasard. Ainsi personne de nous n'avait en-

tendu parler de ce trait qu'un de nos amis,
l'excellent docteur D., inséra dans une
petite notice nécrologique, quelques jours
après la mort de ma mère.

« Il y a quelques années, celui qui écrit
ces lignes avait été chargé par madame de
Ségur, qui daignait l'honorer de son amitié, de visiter une pauvre famille d'artisans
réduite, — comme tant d'autres à Paris, —
à la plus affreuse misère, par l'ivrognerie
du mari. La femme et ses deux enfants
étaient atteints de la petite vérole, et pendant plus de trois mois madame de Ségur
pourvut à tous les besoins de la maison.
Lorsque ces pauvres gens furent rétablis,
je crus devoir faire observer à madame de
Ségur que son œuvre charitable me paraissait terminée. « Non, mon cher docteur,
« me répondit-elle avec ce bon sourire que
« je me rappellerai toujours, non, il faut
« maintenant que vous m'aidiez à guérir le

« mari. C'est une rude tâche, mais on peut
« en venir à bout à force de charité.

« Ensemble nous entreprîmes une œuvre dont j'ai appris depuis longtemps à
connaître toutes les difficultés ; et la charité, la douceur infatigable et aussi la fer-
meté de caractère de la sainte femme opé-
rèrent un miracle là où la pauvre science
du médecin et toute son expérience échouent
si souvent. Celui-là aussi fut sauvé et pendant longtemps cet ouvrier, qui est rede-
venu un bon père de famille et un honnête
homme, ne parlait de « la bonne dame »
qu'avec des larmes dans les yeux.

« Ah ! si je ne craignais d'offenser cette
chère et sainte mémoire, je raconterais
bien d'autres traits semblables dont j'ai été
le confident et le témoin ! »

Ce que je savais parfaitement, c'est que
ma bonne et très-bonne mère donnait tout
ce qu'elle avait ; quelques mois avant sa

mort, aux approches de sa fête, le 19 juillet 1873, je voulus lui faire un petit pré-
sent, et je demandai à sa femme de
chambre ce dont ma mère pourrait avoir
ou besoin ou envie. « Si Monseigneur, me
répondit la femme de chambre, veut faire
à madame la comtesse un bien grand
plaisir, il n'a qu'à lui donner une robe de
soie noire ; voilà plus de deux ans que madame en a envie, sans pouvoir jamais y
arriver. » Et ce modeste cadeau fit à ma
pauvre mère une joie d'enfant. Hélas ! elle
ne porta cette robe qu'une seule fois, le
jour de l'an, quelques semaines avant sa
mort, pour présider la réunion de famille.

VII

L'entrée en religion de ma sœur Sabine, en 1858, fut une des grâces qui contribuèrent le plus directement à sanctifier les dernières années de ma bonne mère. Elle fit généreusement à Notre-Seigneur le sacrifice de la seule fille qui lui restât à la maison ; et quelle fille ! Quel trésor de bonté, de piété, d'esprit, d'édification, d'infatigable dévouement, de bonne et innocente gaieté ! Le 11 avril 1858, après avoir entendu la messe dans ma chapelle, et y avoir fait, à côté de notre bien-aimée Sabine, une fervente communion, elle voulut la conduire elle-même, avec moi, au monastère de la Visitation de la rue de Vaugirard, où cette bienheureuse victime du divin amour allait, pendant les dix années de sa vie religieuse, devenir pour ma mère et pour nous tous une source intarissable de grâces et de bénédictions. Le petit parloir du cher monastère fut dès lors le confident de bien des ouvertures de cœur et de conscience très-intimes qui, m'a dit souvent ma sœur, l'édifiaient grandement, à cause des sentiments d'humilité, de foi vive, de générosité, de bonté qui, du cœur de la mère, débordaient dans le cœur de la fille. « Comme maman est bonne ! comme elle devient sainte ! me disait un jour Sabine ; si tu savais ce que je découvre en elle ! Je suis obligée de la remonter ; sans cela, son humilité risquerait de tourner au découragement ! »

Ces excellentes dispositions la préparaient au grand sacrifice que DIEU allait prématurément lui demander. En 1867, la santé de notre Sabine, qui avait reçu en religion le nom de *Sœur Jeanne-Françoise*, commença à s'altérer, et, le 25 mars 1868, commencèrent pour elle ces affreuses crises de suffocations, de déchirements de poitrine, de crachements de sang qui nous mirent tous, mais surtout notre pauvre mère, avec elle sur la croix, jusqu'au 20 octobre.

Une dépêche télégraphique nous fit brusquement quitter les Nouettes le 28 août. La vénérable Supérieure du monastère nous annonçait que notre malade bien-aimée était au plus mal, qu'on allait l'administrer, et qu'il fallait nous hâter si nous voulions assister à ses derniers moments. Nous arrivâmes à Paris, le cœur bien résigné sans doute, mais bien cruellement brisé de douleur. La chère Sœur Marie

Donat, qui, dès l'entrée de Sabine au couvent, avait été comme son ange gardien,
sa seconde mère et sa confidente intime,
nous attendait au parloir, malgré l'heure
avancée ; car il était près de minuit. Elle
dit à ma pauvre mère qu'une affreuse crise
avait failli enlever notre sœur dans la matinée ; on lui avait donné l'Extrême-Onction et le Saint-Viatique vers cinq heures
de l'après-midi, et, depuis, les étouffements
avaient cessé. Le danger était toujours
imminent ; mais la crise était passée, et
nous nous retirâmes pour revenir le lendemain matin.

Par une autorisation spéciale et par une
miséricordieuse interprétation d'un des
points de la règle relatif aux bienfaiteurs
insignes des monastères, nous pûmes, ma
mère et moi, entrer dans l'intérieur du
couvent et passer quelques heures auprès
de notre douce et sainte mourante. C'était

le jour même de sa fête, la fête de sainte Sabine, matrone romaine et martyre, dont elle aimait jadis, pendant son séjour à Rome, à aller vénérer les reliques, dans la basilique qui porte son nom, sur le mont Aventin.

L'état de Sabine s'améliora quelque peu, comme il arrive souvent, après la solennelle visite que venait de lui faire son Sauveur, si bien que nous pûmes, huit jours après, retourner aux Nouettes sans trop d'inquiétudes. Je lui laissai mon petit crucifix, rempli de très-précieuses reliques, bénit et indulgencié par le Souverain-Pontife, et auquel j'avais attaché une belle médaille d'or que Pie IX avait daigné me donner lui-même, à mon pèlerinage de Rome, le 29 juin 1864. Elle garda ce cher crucifix jusqu'à sa mort.

Nous avions presque chaque jour des nouvelles de Sabine. On nous manda le

17 septembre une parole qui lui était
échappée et qui nous émut vivement. Le
17 septembre était l'anniversaire de la mort
de la petite Sabine Fresneau, sa nièce et
sa filleule, morte à quatre ans et demi, et
qu'elle avait tendrement aimée. Aux approches de cet anniversaire, elle avait dit :
« Vous verrez que ce jour-là il m'arrivera
quelque chose du ciel. » Elle s'attendait à
mourir en cette même journée ; mais au
lieu de la mort, ce fut l'annonce et de la mort
et du ciel. La Sœur qui la soignait, la voyant
dans la matinée du 17 toute recueillie en
DIEU et toute souriante, lui demanda ce
qu'elle avait : « La petite Sabine, lui répondit-elle, m'a assuré que dans un mois j'irais
la rejoindre au Paradis. »

Ma mère et ma sœur Henriette, jumelle
de la chère mourante, ne la quittèrent pour
ainsi dire point dans les deux dernières semaines, du 5 au 20 octobre. Le lundi 19, on

crut qu'elle ne passerait pas la journée.
Elle avait déjà retrouvé cette paix ou plutôt
ce sentiment de l'union intérieure que les
terreurs et les angoisses des huit ou dix
derniers mois avaient enveloppés d'ombres. A la manière dont elle nous embrassa tous ce soir-là, il était évident
qu'elle croyait nous dire adieu. Ma pauvre
mère était, paraît-il, pâle comme une
morte.

Cependant la bonne Sœur Marie Donat
priait avec grande ferveur. « Seigneur,
répétait-elle, vous qui êtes si bon ; vous,
l'enchanteur des âmes, enchantez donc ma
bonne petite Sœur Jeanne-Françoise ! Enchantez ce cœur qui est tout à vous. Venez
l'investir tout entière. Je vous demande
cela pour elle-même, pour toute notre Communauté et pour toute sa famille. Je vous
le demande pour vous-même, Seigneur,
afin qu'elle voie que vous êtes fidèle. Venez

prouver vos miséricordes, et montrez que cette âme est toute à vous. »

Cette ardente et sainte prière obtint son effet. La nuit fut calme, sereine, presque joyeuse. Après les quintes de toux et de suffocation, ma bienheureuse sœur reprenait aussitôt ce sourire si fin, si gracieux, qui a toujours donné à son visage quelque chose de tout spécialement sympathique. « Ce n'est pas grand'chose que tout cela, disait-elle de sa pauvre voix presqu'éteinte, et en couvrant de baisers mon petit crucifix. O mon bon Jésus, je vous aime ! »

Le matin, vers huit heures, elle fut prise tout à coup d'une sorte de ravissement, tellement admirable, que la Sœur Marie Donat envoya chercher immédiatement la Mère Supérieure, et deux ou trois autres Sœurs. Ma sainte sœur baisait son petit crucifix avec des transports célestes. « O mon Jésus, mon Jésus, s'écriait-elle, que je vous aime ! que je suis heureuse !… Venez bien vite ; venez me prendre, me mener au ciel. Maintenant, je n'ai plus peur de mourir ; depuis trois jours, c'est fini ; je désire mourir pour aller avec vous… O mon bon Jésus, je vais donc vous voir ! Que ce soit aujourd'hui ! Oui, je suis heureuse de mourir. Mes chères Sœurs, nous ne nous quitterons pas : je serai toujours avec vous. »

Si ce transport avait duré quelques instants de plus, nous disait la Mère Supérieure, la sainte petite mourante n'aurait pu le supporter. On nous envoya chercher immédiatement ; et à neuf heures et demie, nous eûmes le bonheur d'entrer dans le monastère. Ma mère venait de communier à Saint-Thomas d'Aquin, selon son habitude de chaque jour.

Depuis ce moment jusqu'aux approches de l'agonie, une paix céleste régna dans l'âme et sur le visage de ma sœur. Ses souffrances mêmes ne l'en faisaient point sortir. « Est-ce que cela trouble ta paix ? lui demandai-je une ou deux fois après ses crises. — Oh ! non, du tout, répondit-elle doucement ; seulement cela fait mal. » Ma bonne mère ne quittait point le chevet du lit, toujours calme, résignée, épiant les moindres occasions d'apporter à sa fille quelques petits soulagements.

Vers dix heures, ma sœur avait voulu rester seule avec moi, pour se confesser une dernière fois des petites misères de son innocente vie, et surtout des défaillances qui lui étaient échappées durant sa longue et terrible maladie.

Après sa confession, elle me fit avec une présence d'esprit merveilleuse beaucoup de recommandations particulières, n'oubliant personne. Puis, nous allâmes chercher processionnellement le Saint-Viatique. J'eus la grande joie de déposer une dernière fois sur ses lèvres ce Corps sacré qui garde les âmes pour la vie éternelle. Nous pleurions tous, non de tristesse, mais d'émotion: car la joie de Notre-Seigneur Jésus-Christ, joie profonde, sainte, grave, ne cessa de remplir tous les cœurs durant cette journée.

Vers deux heures, ma sœur s'endormit un peu. En se réveillant, elle me dit : « Je ne sais pas ce que c'est ; je ne souffre plus de nulle part. C'est donc comme cela qu'on meurt ? Oh ! que c'est bon de mourir... Je suis descendue de la croix. Il me semble que je suis déjà dans le ciel. »

Et, s'adressant à sa sœur jumelle, elle ajouta avec une sorte de solennité : « Vois-tu, mon Henriette ; n'aie jamais peur de mourir : c'est trop bon de mourir. »

Nous avions tous et la joie et la douleur

dans l'âme, la joie de la grâce, et la douleur de la nature. Le bon DIEU était là, et
nous le sentions tous. Sabine commençait
à craindre que ce ne fût pas encore pour ce
jour-là. Et, comme je la rassurais en lui
disant que Notre-Seigneur approchait :
« Oh ! tant mieux ! tant mieux ! s'écriait-
elle. Prie pour que ce soit bientôt. » Elle
dit encore à sa sœur : « Ma pauvre Henriette, c'est aujourd'hui mon grand jour ;
entends-tu ? c'est mon grand jour. Mais ne
pleure pas : je ne veux pas que tu aies de
la peine ; je suis si heureuse ! »

Puis, devant nous, elle demanda naïvement pardon à ma mère de toutes les peines
qu'elle pouvait lui avoir causées ; et comme
celle-ci lui assurait, en pleurant, qu'elle
n'avait rien à se reprocher, qu'elle avait
été toujours la meilleure des filles, qu'il
n'y avait rien à lui pardonner, la chère petite mourante l'embrassait et lui répétait

avec tendresse : « Vraimeut ? c'est bien vrai ? quel bonheur ! »

Vers quatre heures et demie s'annoncèrent les premières angoisses de l'agonie. Elle n'avait point de crises d'étouffement ; mais elle était de plus en plus oppressée, haletante. « Je n'ai plus de forces, me dit-elle deux ou trois fois ; je crois que ce sera bientôt. »

Après quelques moments de recueillement et de silence, elle m'appela tout à coup : « Gaston, me dit-elle avec une expression douloureuse, Gaston, j'ai de la peine. Prie, et chasse le démon. Ne me quitte pas. — Est-ce qu'il te tente, ma pauvre enfant ? lui répondis-je en la bénissant. — Non ; mais j'ai le cœur serré. J'ai comme envie de pleurer. Je n'ai plus ce que j'avais ce matin ; tu sais ? je ne sens plus l'amour. — Tu ne le sens plus, pauvre chérie ; mais il y est ; et il y est de plus en plus. Ne crains

rien : JÉSUS est avec toi, et il approche. —
Est-ce que je suis en agonie ? — Pas tout
à fait ; mais c'est le commencement. —
Oh ! si cela pouvait le faire bientôt venir !
— Je crois bien ! Encore un peu de souffrance ; c'est un reste de purgatoire, que
ton bon JÉSUS t'envoie pour te faire éviter
le vrai purgatoire. Probablement il y a encore quelques petites misères à expier. Tu
souffres bien avec lui, n'est-ce pas ? — Oh
oui ! de tout mon cœur. »

Ma bonne mère voyait, entendait tout
cela ; et, près de sa fille mourante, elle priait
silencieuse. Sabine, qui conservait toute sa
connaissance, l'aperçut, et à travers les
ombres de la mort qui voilaient de plus en
plus son regard, elle lui dit: « Maman,
pauvre maman ! comme vous êtes pâle ! »

Quelque temps après, je dis encore à la
mourante : « Bientôt j'aurai le bonheur
d'écrire au Saint-Père. Je lui dirai, n'est-

il pas vrai? que tu offres ta vie pour lui, pour Rome, pour la sainte Église. » Je savais, elle me l'avait dit plus d'une fois, que tous les jours elle renouvelait cette sainte intention ; car, vraie fille de saint François de Sales, elle avait un cœur absolument catholique. « Oui, certes, répondit-elle ; oui... oui. Mais j'ai un peu peur : je me suis offerte souvent autrefois en victime pour tous les péchés du monde, avec JÉSUS ; et j'ai tant souffert ! »

L'oppression augmenta notablement vers sept heures du soir. La respiration était entrecoupée par de longs gémissements. « Je te recommande la pauvre maman, murmura-t-elle en sortant d'une syncope. Quand elle mourra, tu seras là aussi, auprès d'elle... Et tu l'aideras. » Et elle ajouta : « Nous ne nous quittons pas... Je prierai toujours pour toi,... afin que, toi aussi, tu aies une bonne place... Nous nous sommes tant aimés! » Si mes souvenirs ne me trompent, elle dit encore, en parlant de la mort de notre mère, qu'elle viendrait l'assister dans le redoutable passage du temps à l'éternité.

A mesure que les derniers moments approchaient, les défaillances augmentaient, ainsi que les aspirations vers JÉSUS. « Je vis donc encore? dit-elle à demi-voix, en sortant d'une syncope. Je ne croyais pas que cela fût si dur? » Et, d'une voix claire, elle ajouta : « JÉSUS !... mon amour ! » Ce fut sa dernière parole.

Il était huit heures un quart du soir. Nous entourions tous son lit, en prières et en larmes. J'étais à genoux auprès d'elle, en surplis, tenant sa pauvre main, déjà froide et immobile. La Communauté commença les prières des agonisants. La respiration devenait de plus en plus difficile. De temps à autre, je renouvelais la sainte absolution à la bienheureuse mourante ; je la bénissais, afin d'écarter toute influence du démon, afin d'augmenter la grâce, afin de purifier de plus en plus cette chère âme si innocente. Elle ne m'entendait plus. Elle conservait toujours, paraît-il, malgré l'agonie, son bon petit sourire et la paix de son visage. Les yeux étaient fermés. Elle semblait un pauvre enfant endormi.

Il était près de neuf heures. Tout le monde s'agenouilla. Ma pauvre mère était à côté de moi. Nous récitâmes les dernières prières. Que c'était beau ! que c'était divin ! Nous avions tous des sanglots plein la gorge et la joie de Dieu plein le cœur. Je bénissais, au nom du Sauveur, au nom de la Sainte-Vierge, au nom de saint François de Sales, chacun des soupirs, ou plutôt des hoquets de plus en plus pénibles qui s'échappaient de la poitrine de ma sœur agonisante.

Enfin, pendant une dernière absolution et bénédiction, je sentis son pauvre corps et sa main droite, que je tenais, se roidir dans un suprême effort de la vie contre la mort ; j'appliquai le crucifix sur les lèvres de la sainte épouse de JÉSUS, et elle rendit, sans autre secousse, le dernier soupir.

Après les premiers sanglots, nous récitâmes tous le cantique d'actions de grâces de la Sainte-Vierge, le *Magnificat*. Je fermai les yeux de ma sœur bien-aimée ; je l'embrassai et la bénis une dernière fois. Ma bonne mère en fit autant, et se releva comme toujours, pleine de foi et d'une sérénité qui contrastait d'une manière bien touchante avec la vivacité de sa douleur.

Nous nous retirâmes, ma mère, ma sœur Henriette et moi, laissant les Sœurs de ma sœur rendre à ses dépouilles les derniers devoirs. Le surlendemain, jeudi, ma pauvre mère rentra dans l'intérieur du monastère et y demeura pendant tout le temps de la cérémonie funèbre, et jusqu'à ce que nous fussions revenus du cimetière Montparnasse, où nous venions de déposer les restes de sa fille, dans le caveau des Religieuses de la Visitation [1].

La sainte vie et surtout la sainte mort de ma sœur firent sur l'âme de ma mère une impression de sanctification et de détachement qui embauma ses dernières années.

[1] J'oserai renvoyer le lecteur à la touchante et excellente notice biographique composée par mon frère sur la vie et les derniers moments de notre sœur, sous ce titre : *Sabine de Ségur*.

VIII

Depuis assez longtemps déjà, ma mère s'était complétement remise de ses souffrances d'autrefois ; elle était même redevenue robuste et florissante. Elle pouvait faire maigre, jeûner, faire à jeun de longues courses et aller à l'église par tous les temps. Le 1ᵉʳ janvier de l'année 1863, un accident subit, qui pensa l'enlever, porta à sa constitution un premier coup dont elle ne se releva jamais complétement : un étranglement d'intestins la mit, pendant près de vingt-quatre heures, à deux doigts de la mort. Au milieu d'atroces douleurs, elle invoquait surtout la Sainte-Vierge.

Toutefois, le coup qui l'abattit tout de bon, qui l'obligea d'interrompre ses travaux littéraires, de changer le fond même de son genre de vie, ce fut la terrible attaque qui faillit nous la ravir dans la nuit du 17 octobre 1869, un an, presque jour pour jour, après la sainte mort de ma sœur. On vint me chercher en toute hâte à 6 heures du matin. Sa femme de chambre l'avait trouvée gisante à terre et dans un état effrayant. On venait de la remettre dans son lit. Elle avait cependant toute sa connaissance. Je la confessai et lui donnai l'absolution générale franciscaine, cette magnifique grâce qui la consola si puissamment dans les dernières années de sa vie, mais surtout aux approches de la mort. Je lui donnai le Saint-Viatique et l'Extrême-Onction, et je reçus, pour moi-même et pour ceux de mes frères et sœurs qui n'avaient pu arriver en-

core, sa bénédiction maternelle et ses dernières recommandations. Le médecin avait
déclaré, de la manière la plus positive, que
le mal était sans remède. « Madame votre
mère, m'avait-il dit, a un commencement
de décomposition cérébrale. Elle n'a plus
que quarante ou quarante-deux pulsations.
Il n'y a rien à faire. Elle va s'éteindre doucement, sans secousse. Cela peut durer au
plus quarante-huit heures. »

Je m'étais fait un devoir de prévenir ma
bonne mère de son état : « Je le savais
bien, me dit-elle tranquillement ; je sens
bien que je suis frappée à mort. La sainte
volonté de DIEU soit faite ! » Et comme je
lui recommandais d'exciter son cœur à une
immense confiance en la miséricorde, en
la bonté de DIEU, et à rejeter les angoisses
de la crainte : « Je n'en ai pas, me dit-elle
doucement ; j'espère que DIEU me recevra
en sa miséricorde. » Sur ces entrefaites,

une de nos meilleures amies d'enfance nous apporta de l'eau de la source miraculeuse de Lourdes. L'admirable livre de M. Lasserre, *Notre-Dame de Lourdes*, avait été précisément l'objet des dernières lectures spirituelles que ma mère avait pris la douce et pieuse habitude de me faire chaque jour pendant les vacances ; c'était par là que nous avions terminé, trois semaines auparavant, notre séjour aux Nouettes ; et plus d'une fois des larmes d'attendrissement nous avaient obligés d'interrompre le récit si palpitant, si lumineux, de ces beaux miracles de la Vierge Immaculée.

Je mis quelques gouttes de l'eau miraculeuse dans l'eau glacée où l'on trempait, toutes les cinq minutes, les linges destinés à combattre l'apoplexie, et qui jusque-là n'avaient produit aucun effet. Quelques minutes après, ma mère s'endormait doucement ; elle se réveillait vers cinq heures, plutôt mieux, pour se rendormir quelques heures après et passer une bonne nuit.

Le jour même de l'attaque, en se réveillant, vers deux heures, elle m'avait demandé quelle heure il était, et elle m'avait répondu tranquillement : « Ce sera sans doute pour ce soir, à l'entrée de la nuit, comme Sabine. » Vers 11 heures, avant de se rendormir, elle dit encore : « Allons, ce sera pour demain matin, au lever du jour. » Et elle ajouta : « J'ai ce que je désirais le plus ; j'avais demandé au bon DIEU d'avoir tous mes enfants autour de moi lorsque je mourrais. Ils sont là tous. »

Le surlendemain, elle était hors de danger. Elle avait gardé en face de la mort une telle sérénité, que nous en étions tous dans l'admiration.

Notre-Dame de Lourdes nous avait rendu, nous avait conservé notre bonne mère ; et conformément au vœu que j'en avais fait

au moment du danger, j'allai la re-
mercier à Lourdes même, quelques mois
après, au printemps.

Cette violente secousse laissa à ma
mère des vertiges qui l'ébranlèrent beaucoup pendant un an ou deux, qui allèrent
ensuite en diminuant, pour disparaître
tout à fait. Mais ses travaux de composi-
tion littéraire furent interrompus à tout
jamais, comme je le disais tout à l'heure.
Elle avait terminé aux Nouettes, quelques
semaines auparavant, son dernier ouvrage,
le seul qu'elle ne m'ait point lu elle-même :
Après la pluie, le beau temps.

C'était le vingtième de cette collection
véritablement charmante qui a fait le
bonheur de tant d'enfants, et qui, on peut
le dire hardiment, intéressera, touchera et
réjouira longtemps encore ses petits lecteurs. Chez ma mère, cette facilité de con-
ception était un don naturel, qui, dès son

enfance à elle-même, avait déjà frappé mon grand-père Rostopchine. « Sophaletta (diminutif russe de Sophie), écrivait-il quand ma mère n'avait encore que six ou sept ans, Sophaletta est pleine d'intelligence et aime à inventer des historiettes. »

Pendant toute notre enfance, comme je l'ai dit, elle nous charmait en nous racontant quantité de belles histoires, de contes palpitants qui nous faisaient rire et pleurer tour à tour, et dont elle se servait pour développer en nous tous les bons sentiments et nous inspirer l'horreur du mal. Malheureusement, ce ne fut que fort tard, vers l'âge de cinquante-sept ou cinquante-huit ans, qu'elle eut l'heureuse inspiration d'écrire pour les enfants. Elle publia d'abord les *Nouveaux contes de fée*, puis les *Petites filles modèles*, puis les *Vacances*, les *Mémoires d'un âne*; ravissantes compositions. faites d'après nature, dont nous avons

connu presque tous les personnages, et
dont les récits n'étaient pour la plupart que
des souvenirs de notre jeunesse à nous-
mêmes. J'ai connu une bonne dame qui
jusque-là détestait les ânes; après avoir lu
les *Mémoires d'un âne*, elle changea si bien
de sentiment qu'elle n'en peut plus voir,
me disait-elle en riant, sans une sorte d'attendrissement. En douze ou treize ans,
près de soixante-dix mille exemplaires des
Mémoires d'un âne ont été écoulés par l'éditeur.

Les malheurs de Sophie, vrai petit chef-
d'œuvre, n'étaient guère que le récit des
petites aventures de ma pauvre mère
elle-même, dans ses premières années.
Cette habitude d'écrire toujours ainsi d'a-
près nature donne à tous les livres de ma
mère un *naturel,* un charme tout spécial.
Mille qualités précieuses éclatent dans
toutes ces pages et vont droit au cœur des

enfants, pour ne pas dire de tout le monde ; simplicité, gaieté, bonté, tendresse, saillies d'originalité et de fine observation, profonde connaissance du cœur et de l'esprit des enfants, étude très-délicate des caractères, forte et chrétienne moralité, style limpide et gracieux, enfin, conclusions toujours consolantes : rien n'y manque, et les connaisseurs ont dit maintes fois que, dans ce genre, il semble difficile de mieux faire. L'amour, qui rend aveugle, portait toujours ma très-bonne et trop bonne mère à une excessive indulgence vis-à-vis de tous les enfants. On voit ce sentiment poindre dans toutes les pages de ses récits ; et nous qui connaissions presque toujours les originaux de ses jeunes héros et de ses héroïnes, nous trouvions souvent la photographie plus parfaite que le petit modèle.

Ma mère était adorée des enfants. Ceux-là mêmes qui ne la connaissaient que par ses livres, avaient souvent pour elle des sentiments vraiment touchants d'affection et de reconnaissance. Une fois, un gentil petit garçon de huit ou neuf ans, l'aperçut dans la rue, courut à elle et lui dit avec une naïveté charmante : « Madame, maman me dit que vous êtes madame de Ségur ; est-ce vrai ? — Oui, mon petit enfant, c'est très vrai. — Alors, madame, voulez-vous me permettre de vous embrasser ? »

Une autre fois, elle sortait de l'église Sainte-Clotilde lorsqu'une petite fille, qui jouait avec ses petites amies dans les allées du square, courut après elle et lui demanda la même faveur. L'enfant venait d'entendre dire : « Cette dame qui vient de passer là, c'est madame de Ségur, celle qui fait tant de jolis livres pour les enfants. »

Il nous est revenu de divers côtés qu'à la nouvelle de la mort de ma pauvre mère,

des enfants, lecteurs de ses livres, s'étaient
mis à pleurer. Quelques-uns disaient :
« Qui donc maintenant écrira des livres
pour nous ? » Deux ou trois demandèrent à
leurs parents la permission d'assister aux
funérailles de celle qui leur avait fait passer de si bons moments, et les avait tant et
si bien amusés. On m'a cité plusieurs petits
enfants que l'on n'a pu décider à appren-
dre à lire qu'avec la perspective de lire ces
beaux livres qu'on n'avait pu jusque-là que
leur raconter.

Les grandes personnes elles-mêmes tom-
baient parfois sous le charme de cette
bonne, joyeuse et émouvante lecture. Un
homme d'infiniment d'esprit, l'abbé Huc,
célèbre par les récits de ses missions
en Chine et au Thibet, fit un jour à ma
mère un compliment assez original, et
qui montre combien ces petits livres,
écrits pour les enfants, ont le don de

captiver les esprits les plus sérieux. Il était venu dîner chez nous, et ma mère lui avait offert, presque en plaisantant, un des premiers exemplaires des *Nouveaux contes de fée*. Il revint la voir le lendemain.

« Madame, lui dit-il en l'abordant, madame, je vous prie de ne pas recommencer ce que vous avez fait hier. Je suis éreinté. Vous m'avez joué un tour indigne. » Et comme ma mère ouvrait de grands yeux, ne comprenant pas ce que cela voulait dire : « Vous êtes cause, ajouta-t-il, que je n'ai point fermé l'œil de la nuit. — Moi? Comment cela? — En me couchant, j'ai ouvert vos *Contes*, pour en feuilleter les premières pages. Et voilà qu'il m'a fallu continuer jusqu'au bout. Pas moyen de m'arrêter, surtout quand est arrivé ce malheureux *ourson*. Et, vous l'avouerai-je? il m'a fait pleurer comme un imbécile. Quand j'ai eu fini, et quand j'ai vu l'heure qu'il était, j'étais furieux contre moi-même, et un peu contre vous. Madame, ne me donnez jamais plus de vos livres le soir. »

A ces vingt contes maternels, il faut joindre trois ouvrages plus sérieux et non moins excellents, toujours adressés aux enfants : La *Bible d'une grand'mère,* l'*Évangile d'une grand'mère* et les *Actes des Apôtres racontés aux enfants.* DIEU seul sait le bien qu'ont déjà fait et que feront encore ces chers et bons livres. Il sont répandus non-seulement en France, mais dans toute l'Europe, et jusqu'en Amérique, entre autres aux États-Unis, où ils sont presqu'aussi populaires que chez nous.

Une publication intéressante, et qui compléterait les travaux littéraires de ma mere, ce serait, non la collection complète de ses charmantes lettres (de gros volumes n'y suffiraient pas !) mais une collection quelconque de lettres choisies, principa-

lement de celles qu'elle écrivait à ses enfants et petits-enfants. Personne n'écrivait comme elle, et cela jusqu'à la fin ; et
comme elle était la franchise et la simplicité même, ses lettres feraient connaître,
mieux encore que ses livres, toutes les richesses de son excellent cœur, de son esprit, de sa brillante imagination et aussi
de sa foi profonde et de sa forte et virile
piété.

IX

Ma mère était devenue veuve en 1863.
Mon pauvre père avait eu plusieurs atta-
ques depuis cinq ou six ans. Sans être pa-
ralysé, ni même impotent, il avait perdu
presque toute sa vigueur et il marchait
avec peine. C'était un beau et grand vieil-
lard à cheveux blancs, à l'air noble et
distingué. Son visage était quelque peu
sévère, et son aspect général commandait
le respect; mais un sourire charmant,
joint à une exquise politesse, tempérait
cette gravité. Il était au château de Méry,
chez son frère, le Vicomte de Lamoi-

gnon (1), lorsqu'il fut frappé à mort, le 14 juillet 1863. Il fit appeler aussitôt le curé de Méry et lui dit, en l'apercevant · « Monsieur le Curé, vous êtes mon premier et mon meilleur médecin ; » et il se confessa de tout son cœur. Il avait communié douze jours avant de quitter Paris. Il était bon, simple, très-juste, plein de foi et de droiture. Le lendemain matin, 15, vers 6 heures, il reçut l'Extrême-Onction et le Saint-Viatique avec beaucoup de ferveur. A 7 heures, il perdit la parole et expira le lendemain matin, jeudi 16 juillet, fête de Notre-Dame du Mont-Carmel, entre 4 heures 1/4 et 4 heures 1/2 du matin. Dix

(1) Mon père avait deux frères : l'un, nommé Adolphe, né en 1800, avait épousé la fille unique du vicomte de Lamoignon, lequel avait obtenu de Louis XVIII de passer à son gendre et son nom et sa pairie ; l'autre, nommé Raymond, né en 1803, a pris, dès 1825, le nom de comte de Ségur d'Aguesseau, en vertu d'un privilége accordé à tous les membres de notre famille, par un édit royal de 1814

ans et demi après, ma pauvre mère devait mourir exactement à la même heure.

J'étais tranquillement aux Nouettes, avec ma mère. Nous ne pûmes être prévenus à temps. Mes deux frères seuls eurent le bonheur de recevoir, en notre nom à tous, la bénédiction paternelle, et d'assister mon père à ses derniers instants. Ce jour-là même, sans me douter de rien, je quittais les Nouettes pour revenir à Paris, où me rappelait mon ministère. C'est en rentrant chez moi que j'appris la fatale nouvelle. Je partis immédiatement pour Méry, où ma mère, mandée par une lettre, vint me rejoindre le lendemain matin. Les obsèques de mon pauvre et excellent père eurent lieu dans l'église de Méry, le 18 juillet, et ses restes furent déposés dans le caveau de famille des Lamoignon, dans le parc du château.

Ma mère, toujours grande et généreuse,

nous abandonna de son plein gré une partie de sa fortune, se réduisant, pour l'amour de ses enfants, à une modeste aisance. Elle quitta le logement, si plein de souvenirs, que nous occupions depuis vingt-sept ans, rue de Grenelle, n° 91. Elle alla demeurer dans la même rue, au n° 53; puis, quand elle reprit un appartement à Paris, après la guerre et la Commune, elle demeura tout près de l'église Sainte-Clotilde, rue Casimir-Périer, n° 27. Tristes et chers souvenirs, qui remuent nos cœurs quand nous passons là.

Sa maison était, en effet, le rendez-vous de la famille. Tous les jeudis, en particulier, les enfants, les petits-enfants, les intimes, s'asseyaient à cette table si hospitalière, si joyeuse, si véritablement aimable. Après la mort de ma grand'mère Ségur (1),

____

(1) La mère de mon père mourut le 16 janvier 1847, à Paris. Tous ses enfants et petits-enfants étaient

ma mère avait conservé le jeudi traditionnel, comme jour de réception. Elle recevait tout le monde avec une grâce parfaite ; c'était la simplicité de la grande dame, unie à la **bonté** de la mère et de la grand'mère, toujours heureuse de voir autour d'elle les bien-aimés de son cœur.

Tout cela fut interrompu, en 1870, par les désastres de l'invasion et de la Commune. La Providence permit qu'au moment où commença la guerre, ma mère fût au fond de la Bretagne, à Kermadio, chez ma sœur Henriette Fresneau. Je venais de l'y

agenouillés autour d'elle quand elle rendit le dernier soupir. Elle était née d'Aguesseau, et avait été remarquée à la cour de l'impératrice Joséphine pour sa grâce et sa beauté. Elle était devenue fort pieuse, après la mort de mon grand-père Octave en 1818. Elle fut toujours pour mon père et pour nous pleine de bonté et de tendresse. Elle mourut fort pieusement à l'âge de 68 ans. Je venais d'être ordonné sous-diacre. Les dernières paroles que je recueillis de sa bouche, la veille même de sa mort, furent celles-ci : « J'espère aller au ciel ; mais je n'en suis pas digne... Quand tu seras prêtre, tu diras la messe pour moi tout spécialement en ce jour-ci. »

rejoindre moi-même pour y passer un mois de vacances. Ce mois se changea en une année, et je bénis encore le bon Dieu d'avoir épargné au cœur de ma pauvre mère les angoisses de la séparation, dans des circonstances si redoutables. Elle a laissé dans tous les environs d'Auray les souvenirs les plus touchants. Nous ne pensions pas alors que cette bonne et catholique terre de Bretagne dût si tôt devenir pour elle le lieu du dernier repos.

X

Ce fut à Malaret, dans l'hiver de 1872 à
1873, que ma mère ressentit pour la première fois, à l'état aigu, la terrible maladie de cœur qui, un an après, devait l'enlever à l'amour de ses enfants. Il y avait
longtemps qu'elle en portait les germes;
elle le sentait, elle le disait, et les médecins
ne voulaient point la croire. Pauvre mère!
Elle n'avait jamais vécu que par le cœur :
les souffrances qu'elle ressentit en son cœur
allaient expier, et au delà, les imperfections
que l'ardeur de ses affections avait tout
naturellement entraînées après elles.

Ses défauts n'étaient, en effet, que des excès de précieuses qualités : elle ne gâtait ses enfants, et surtout ses petits-enfants, que par excès de bonté et de tendresse. L'ardeur avec laquelle elle exprimait parfois ses sentiments et ses impressions n'était jamais, chez elle, qu'un excès de franchise. Je l'ai vue bien souvent s'indigner contre le mal et l'injustice, ou du moins contre ce qu'elle croyait être injuste et mauvais; mais *jamais*, aussi loin que se reportent mes souvenirs, jamais je ne l'ai vue se mettre en colère ni même s'impatienter. Sa trop grande facilité à donner, qui la réduisit plus d'une fois à la gêne, n'était **chez** elle que l'effet d'une générosité, d'une bonté compatissante qui n'avait pas la force de refuser.

A partir de ce moment, ses souffrances devinrent plus fréquentes et plus vives. Elle avait des maux de cœur, des faiblesses, de l'oppression ; ses forces diminuaient rapidement ; elle se voûtait, marchait avec une difficulté chaque jour plus sensible, et, malgré l'usage d'une canne, il lui arrivait souvent de tomber.

Un eczéma très-douloureux vint compliquer et aggraver cet état de faiblesse. Il paraît qu'on le fit passer trop brusquement ; toujours est-il qu'à partir du moment où il disparut survinrent des crises de suffocations qui, dès le mois de septembre 1873, mirent presque ses jours en danger. Elle était devenue maigre et débile ; si bien que, à son retour à Paris, vers le milieu d'octobre, elle pouvait tout au plus aller le matin à la messe à Sainte-Clotilde, éloignée de cent pas à peine de sa nouvelle demeure (rue Casimir-Périer). Ces crises, en se rapprochant, ne lui permettaient plus de se remettre et de reprendre des forces pour supporter de nouvelles souffrances.

Elle continuait cependant à communier tous les matins, sauf les jours où quelque crise de suffocations l'avait obligée à boire durant la nuit. Du reste, jamais une plainte, jamais une impatience, jamais un mouvement de mauvaise humeur. La seule chose qu'elle redoutait, c'était de devenir tout à fait impotente; mais ce n'était pas pour elle-même qu'elle craignait la paralysie; c'était à cause de nous et de ses domestiques. Les deux ou trois fois que je l'entendis exprimer cette crainte, elle ajoutait toujours et immédiatement : « Mais en cela comme en tout, que la sainte volonté de Dieu s'accomplisse! » Son âme était pleinement soumise et abandonnée, dans une grande paix et une grande douceur, qui se réflétaient sur son visage.

Le 22 novembre, elle put sortir pour la dernière fois pour aller à la messe. Le médecin lui interdit absolument la marche et l'air froid. Deux fois par semaine, habituellement le mardi et le vendredi, elle recevait la sainte Communion, que nous lui portions alternativement, le bon abbé Chaumont (son confesseur), l'abbé Diringer et moi.

Ses crises d'étouffements devinrent violentes. Ma sœur Nathalie de Malaret, qui était venue passer l'hiver auprès d'elle, accompagnée de sa fille Madeleine, était souvent obligée de se lever pendant la nuit pour lui procurer quelques soulagements. Vers le milieu de décembre, nous commençâmes à nous inquiéter tout de bon. Je crus cependant pouvoir, sans imprudence, aller prêcher la retraite d'ordination au Grand-Séminaire de Beauvais ; mais le jeudi, 18, une dépêche me rappelait précipitamment à Paris ; deux ou trois fois ma pauvre mère avait failli passer dans une de ces affreuses crises qui duraient quelque-

fois plus d'une heure. Elle me demandait
alors avec angoisse. « Mon unique crainte,
m'avait-t-elle dit cent fois, et depuis plu-
sieur années, mon unique crainte, c'est de
mourir loin de toi, mon cher enfant. »
Aussi, à partir de ce moment, je me réso-
lus à ne plus faire la plus petite absence.
Au point de vue de mon sacerdoce, je fis
passer ce devoir avant tous les autres :
c'est bien le moins, quand une chrétienne,
quand une mère a l'honneur insigne d'avoir
donné un fils au bon DIEU, c'est bien le
moins, dis-je, qu'elle soit la première à en
bénéficier et à le voir à ses côtés, comme
un ange gardien consolateur, dans les moments suprêmes qui décident de l'éternité.

Le vendredi soir, 19, je fus sur le point
de lui proposer de l'administrer ; néanmoins,
comme elle semblait mieux, je remis à un
peu plus tard, plus encore pour ménager

mes frères et sœurs que pour elle-même. Je savais par expérience qu'en lui proposant les Saintes-Huiles, je serais accueilli avec le bonheur grave et vrai qui convient en pareil cas à une âme solidement chrétienne.

Le lendemain matin, à 5 heures, Saint-Jean, le fidèle serviteur de ma mère, accourait en toute hâte et m'appelait auprès d'elle. Depuis deux longues heures, d'horribles étouffements se succédaient presque sans interruption. C'était navrant, même à entendre. « Viens vite, me dit à demi-voix ma sœur, dès qu'elle m'aperçut. Cela va un peu moins mal depuis quelques minutes ; mais, mon DIEU ! que c'était affreux tout à l'heure ! J'ai trouvé la pauvre maman la tête renversée en arrière, la bouche ouverte, et haletante ; sa pauvre poitrine se soulevait comme des vagues ; les veines du cou se gonflaient à se briser. Plusieurs fois j'ai cru que le dernier moment était venu. »

Je n'hésitai plus. Je lui proposai l'Extrême-Onction, qu'elle accueillit non avec résignation, ce serait trop peu dire, mais avec empressement, avec bonheur. Cette fois, comme quatre ans auparavant, j'eus la douloureuse consolation de lui donner moi-même les derniers Sacrements, les yeux baignés de larmes, mais le cœur tout dans la paix, à cause des admirables dispositions où je voyais celle que j'aimais plus que moi-même. Je sentais d'ailleurs que c'était plutôt une précaution qu'une nécessité urgente. J'allai ensuite dire la messe pour elle, la recommander au Sacré-Cœur de Jésus, à la Vierge Immaculée, à notre Père saint François et à notre bon saint François de Sales, afin qu'une mort très-sainte fût le couronnement de cette bonne vie. Je me rappelle avoir singulièrement supplié la miséricorde divine de faire en sorte que les terribles souffrances du Purgatoire fussent épargnées à ma mère bien-aimée. C'était le 20 décembre.

Cependant, quelques jours après, elle se remit encore une fois de cette crise, assez du moins pour pouvoir aller et venir un peu dans son appartement, et quelquefois même se mettre à table avec nous. Habituellement, pour éviter une fatigue dont les conséquences immédiates étaient des étouffements et des crises, elle restait dans sa chambre, assise dans un grand fauteuil, qu'après sa mort j'ai recueilli comme une sorte de relique. C'était là, à ses côtés, que je passai toutes mes soirées; mes frères et sœurs venaient tour à tour passer auprès d'elle quelques instants, pour ne pas la fatiguer par des conversations trop suivies ou trop bruyantes. Quand elle était seule, elle lisait, ou priait, ou sommeillait, épuisée par les progrès intérieurs du mal.

Le jour de l'an, elle présida avec une

joie toute maternelle le bon repas de famille, qui groupait autour d'elle la plupart
de ses enfants et petits-enfants. Elle était
enchantée des rires, de l'entrain de la jeunesse, à qui elle venait de distribuer, pour
la dernière fois, hélas! des étrennes toujours trop petites pour son cœur, quoique
trop grandes pour sa bourse.

Au milieu de cette amélioration mo-
mentanée, et d'ailleurs bien relative, elle
ne se faisait aucune illusion. A quelques
paroles qui lui échappaient par-ci par-là,
dans l'intimité, elle se montrait à nous vivant dans la pensée tranquille et constante
de sa fin prochaine, humble et douce devant DIEU, résignée, confiante, de plus en
plus mère et grand'mère. Elle priait beaucoup pour ne pas dire toujours; et son
visage, paraît-il, portait l'empreinte d'une
paix grave et sereine. Jusqu'a la fin elle
conserva toutes ses facultés, ainsi que son

regard si intelligent, si tendre. Le corps seul s'affaissait de plus en plus ; les jambes lui refusaient leur service.

La médecine inventa contre les suffocations plusieurs palliatifs, qui réussirent d'abord, puis s'usèrent les uns après les autres. A partir du 23 ou 24 janvier, la désorganisation générale s'accentua ; les crises devinrent si violentes, si aiguës, si prolongées, que ma pauvre mère entra dans une sorte d'agonie. C'était surtout le matin, aux approches du jour, et dans l'après-midi, vers trois ou quatre heures, qu'elle souffrait le plus. Chacune de ses respirations étranglées paraissait devoir être la dernière.

Ces étouffements fendaient l'âme ; ils étaient précédés et accompagnés d'une espèce de râle haletant, plein d'angoisse, qu'aucun de nous n'oubliera jamais. Pauvre et chère mère ! Notre-Seigneur s'apprêtait à lui faire terminer son Purgatoire sur la terre. Je l'avais recommandée à plusieurs âmes particulièrement saintes et à de nombreuses et ferventes Communautés. Nous pûmes toucher du doigt, pour ainsi dire, l'efficacité de leurs puissantes prières.

A partir du dimanche, 25 janvier, je ne quittai pour ainsi dire plus celle qui allait nous quitter bientôt. Assis ou agenouillé à côté de son lit de douleur, je tenais habituellement sa pauvre main dans la mienne, avec le cher petit crucifix sur lequel notre Sabine avait, cinq ans auparavant, rendu son dernier soupir. Ce crucifix d'argent, béni par Grégoire XVI d'abord, puis par Pie IX, ne m'a pas quitté depuis le 16 janvier 1847, jour de la mort de ma grand'mère Ségur, à qui je l'avais donné en revenant de Rome, trois ans auparavant. A la mort de mon pauvre père, je le mis dans ses mains glacées, et il y demeura jusqu'au moment où l'on déposa le corps dans le cercueil. Le 28 août 1868, lorsque Sabine reçut l'Extrême-Onction, je le lui confiai, comme je l'ai dit plus haut, et elle ne le quitta plus jusqu'au jour même de sa mort, le 20 octobre. Elle le garda dans ses pauvres mains, sur son cœur, jusqu'au moment où, suivant les saints usages du monastère, son cercueil ouvert, semé de fleurs blanches, passa par la grille de la communion pour être transporté au caveau des Religieuses de la Visitation. Consacré, sanctifié une fois de plus par la sainte agonie et le dernier soupir de ma mère, ce crucifix est désormais une véritable relique de famille, gardien de bons et grands souvenirs.

XI

Au commencement de cette longue et vraiment affreuse agonie, ma mère renouvela, avec une gravité, une tendresse, une bonté profondes, ses bénédictions maternelles.

J'eus le bonheur de recevoir le premier cette bénédiction suprême, que Dieu ratifie toujours. « Adieu, mes enfants, mes chers enfants... Je vous bénis tous, dit-elle à ceux d'entre nous qui étaient là présents, agenouillés avec moi auprès de son lit. Je ne me sépare pas de vous... ; je serai toujours avec vous, et vous avec moi...

Je prierai Dieu pour vous dans le ciel...., s'il daigne me faire grâce. . Priez tous pour moi... » Ces paroles étaient entre-coupées de poses haletantes, et elle les disait avec effort, au milieu de ses étouffements presque continuels.

« Que je te bénisse encore une fois...., toi surtout, mon cher enfant, me dit-elle... toi qui as été la consolation de toute ma vie. Que serais-je devenue sans toi?... » Et comme je lui demandais de me pardonner les peines que j'avais pu lui faire, elle ajouta tendrement : « Tu ne m'en as jamais fait. » Et elle rentra dans un de ces demi-assoupissements, fruit de l'extrême fatigue qui suivait ordinaire-ment ses crises.

Elle me chargea de régler pour le mieux les difficultés qui pourraient s'élever au sujet des questions d'affaires. « Tu feras pour le mieux, me dit-elle à plusieurs reprises. Je te donne plein pouvoir sur mon testament... Je veux que mon testament demeure une affaire de famille... Je ne veux pas qu'on y mêle les hommes de loi. » Et elle me fit quelques recommandations de détail auxquelles elle tenait davantage.

Nous nous succédions auprès d'elle pour la veiller, tant la nuit que le jour. Sauf pendant de courts moments de sommeil, qu'elle rachetait ordinairement par des suffocations plus aiguës, plus prolongées, nous nous employions tour à tour à lui donner de l'air à l'aide d'un grand éventail de toile, qui, à la fin de sa maladie, se trouvait déjà tout usé. Bien souvent la pauvre malade s'écriait, d'une voix brève et sourde : « De l'air! de l'air! » Nous étions désespérés de ne pouvoir la soulager que très-imparfaitement, soit avec l'éventail, soit en ouvrant les fenêtres, soit en lui faisant respirer de l'éther. Par moments, les suffocations furent telles, qu'elle tombait en syncope.

Plusieurs jours déjà avant cette redoutable quinzaine, ma mère avait cherché et trouvé, dans sa dévotion à Notre-Dame de Lourdes, un immense soulagement. L'eau miraculeuse, dont la sainte Mère de Dieu avait daigné se servir une fois déjà pour l'arracher à la mort, avait apporté et à son âme et à son corps des secours mystérieux. A mesure que la lutte devint plus violente, l'assistance surnaturelle de Notre-Dame de Lourdes devint plus manifeste. A tout instant ma mère demandait, ou du moins acceptait, avec une sorte de transport, quelques cuillerées de cette eau bienfaisante qui produisait en elle des effets surprenants. Parfois cette eau faisait complétement disparaître ces affreuses douleurs, et le médecin n'hésitait pas à déclarer qu'il y avait là quelque chose de surnaturel, d'absolument inexplicable. « Il est évident, disait-il, que si la vie de l'âme ne dominait pas ici totalement la vie du corps, il y aurait de très-vives souffrances, dont la cause organique subsiste assurément toujours. »

Nous avions placé en face d'elle, sur un des rayons de sa bibliothèque, une jolie statuette de Notre-Dame de Lourdes. Cette pieuse image resta devant les regards de ma mère jusqu'à la fin.

Profitant d'un moment de répit entre ses crises, je lui dis : « Chère maman, vous offrez bien, n'est-ce pas? toutes vos souffrances pour le Pape? —Oh, oui, reprit-elle vivement; j'offre toutes mes souffrances pour le Pape.., et pour Rome. » Et, après une petite pause : « Je suis heureuse de mourir enfant de l'Église catholique... de ne penser que ce que pense le Pape... et d'être toute avec lui. Je déteste ce qu'il dé-

teste et ceux qui le détestent... Et ces sentiments, ajouta-t-elle avec tendresse, en ap-
puyant sa pauvre tête sur la mienne, c'est
à toi, que je les dois, mon cher enfant (1). »

Depuis le dimanche, 25, jusqu'à la triste
nuit du 9 février, je passai les nuits dans
une petite chambre attenante à celle de ma
pauvre mère. J'allais à elle dans les grandes crises, ou bien lorsque j'entendais
s'augmenter le râle de ses oppressions. Je
priais avec elle; car elle me dit une fois
qu'elle priait toujours. Plus d'une fois un
Pater, un *Ave Maria*, ou bien quelques invocations au Sacré-Cœur, ou à nos deux
chers Saints, saint François d'Assise et

---

(1) Le pieux lecteur comprendra le sentiment tout
chrétien qui m'empêche de passer sous silence des
paroles de ce genre. Ces louanges sont de celles dont
un fils, et surtout un fils prêtre, non-seulement peut,
mais doit « se glorifier dans le Seigneur, » suivant la
grande parole de l'Apôtre saint Paul. C'est à ma sainte
vocation, c'est à Jésus-Christ en moi, qu'elles s'adres-
saient, et non point à ma personne.

saint François de Sales, la calmèrent comme par enchantement. Aussi, comme nous les aimons davantage, depuis ces jours et ces nuits mémorables !

Le matin, lorsque la crise du lever du jour paraissait ou terminée ou avortée, à genoux auprès de ma mère bien-aimée, je lui disais doucement, et comme cœur à cœur, quelques paroles de foi, d'amour, d'espérance, avant que d'aller célébrer pour elle le saint Sacrifice. Elle m'entendait toujours alors, même quand elle n'entendait plus autre chose. Le mercredi, 28, au matin, je lui dis donc : « Chère maman, je vais dire la messe pour vous et demander au Sacré-Cœur, à Notre-Dame de Lourdes, à notre Père saint François et à notre bon saint François de Sales, et aussi à Sabine, n'est-ce pas? de vous accorder une fin douce et sainte. — Oh ! je te remercie, me répondit-elle à demi-voix ; mais demande surtout que je souffre avec courage et amour. » Et je la bénis, au nom de Notre-Seigneur.

Dans la journée, après un assoupissement, elle me dit doucement « : Est-ce bientôt la fin? — Pas encore, chère maman. — Oh! tant pis... Qu'elle vienne vite!... Cependant la sainte volonté de DIEU... et non la mienne!... Tant qu'il voudra. » Et elle baisait avec amour la petite croix, la pressant tour à tour sur ses lèvres et sur son pauvre cœur. Son visage demeurait toujours doux et paisible.

« Je me donne au Sacré-Cœur de JÉSUS... tout entière..,, dit-elle. Je lui consacre toutes mes souffrances... jusqu'au dernier soupir. »

Je ne sais à l'occasion de quoi elle me parla de notre cher Tiers-Ordre franciscain, et ensuite du Purgatoire. Je lui rappelai la grande grâce des *Absolutions*

générales, et de tous ces magnifiques trésors d'Indulgences plénières et partielles,
dont nous jouissons, nous autres Ter-
tiaires, et comment, si nous sommes bien
fidèles, nous nous trouvons, au moment
de la mort, tout purs devant Dieu, par les
mérites surabondants de Notre-Seigneur,
par ceux de sa Mère Immaculée, de
saint François et de tous les Bienheureux
de la famille séraphique.

« Notre bon Père saint François d'Assise ne m'abandonnera pas, me dit-elle
avec une expression de bonheur. Quelle
grâce que le Tiers-Ordre !... Et ces admirables Indulgences !... qui rétablissent
dans l'innocence !... Si on les connaissait,...
tout le monde voudrait en être. » Pendant
sa longue agonie, je lui donnai, par inter-
valles, les quatre grandes Absolutions générales avec Bénédiction Papale auxquelles
nous avons droit dans le cours de chaque

année, et, à la fin, celle qui nous est concé-
dée pour l'article de la mort, de sorte que
cette chère âme, qui correspondait pleinement aux grâces de son Dieu, a dû paraître devant lui toute revêtue et comme toute
transfigurée par cette grâce incomparable
de saint François.

Frappés et profondément émus des paroles que lui inspiraient et l'amour de Dieu
et l'amour maternel, nous les recueillions
par écrit, au fur et à mesure, et avec un
respect religieux, sans qu'elle s'en aperçût.
Ces paroles sont et seront toujours pour
nous le plus cher de nos souvenirs. Elles
ne sont pas toutes consignées ici ; quelques-
unes, très-belles et très-touchantes, ont
été trop personnelles pour être mises sous
les yeux de tous.

XII

Ma mère n'eut, à ma connaissance du moins, que quelques instants de crainte et de terreurs. Elle dut voir alors quelque chose du démon. Elle m'appela avec une sorte d'angoisse, me disant plusieurs fois de suite : « Gaston !... Gaston ! au secours !... Il lutte... il lutte... il lutte. » Et ma sœur, qui était là avec moi auprès de ma mère, me dit tout bas : « Elle ouvre les yeux tout grands ; elle paraît avoir peur. » Je demandai à ma nièce Madeleine de l'eau bénite ; et au nom de Notre-Seigneur Jésus-Christ, au nom de Notre-Dame de Lourdes, au nom de la sainte Église dont j'étais le prêtre, je commandai au démon de laisser en paix la servante de Dieu. Trois ou quatre fois, je jetai sur le lit, à droite, à gauche, cette eau bénite que redoute si fort le démon, au dire de sainte Thérèse, qui en avait fait souvent l'expérience; et presque aussitôt ma chère mère rentra dans le calme et la paix de Jésus-Christ. La même chose, absolument la même chose, était arrivée à ma sœur Sabine pendant son agonie, comme nous l'avons vu.

C'était la veille de la Saint-François de Sales. Dans la nuit, entre deux crises, je lui dis : « Chère maman, nous voici au jour de notre bon saint François de Sales; c'est notre ami, notre Patron. J'espère qu'en sa fête, ou du moins pendant son oc-tave, il va venir vous prendre et vous pré-senter lui-même au bon Dieu. — Je l'es-père aussi, me répondit notre pauvre mou-

rante ; quel bonheur de paraître devant
DIEU..., accompagnée de mon Père saint
François d'Assise... de saint François de
Sales..., et aussi de Sabine ! »

Le souvenir de sa fille du ciel ne la quit
tait guère. Plusieurs fois nous l'enten-
dîmes l'appeler. Je l'entendis, entre autres,
répéter trois fois de suite, et avec une expression indicible de douleur et de tendresse : « Sabine ! Sabine !... Je t'en sup
plie..., prie pour moi..., viens à mor
secours !... O mon DIEU ! j'étouffe !... c'est
trop..., c'est affreux... que je meure vite !
— Oui, lui dis-je, pauvre maman ; mais
quand il voudra..., n'est-ce pas ? — Oui,
oui...; quand il voudra..., quand il voudra.
Que sa volonté soit faite..., toujours, toujours. » Et tout cela était dit avec tant de
douceur, avec tant de résignation, que des
larmes d'admiration, non moins que de
compassion, s'échappaient malgré nous

de nos yeux. Cela fendait le cœur de ne
pouvoir lui porter secours.

Au milieu de cette affreuse lutte, elle
trouvait de la consolation à nous embrasser et à répondre aux marques de notre
tendresse. Elle aimait à appuyer sa tête fa-
tiguée contre la mienne. Et là, tout près
d'elle, je murmurais à son oreille quelques
bonnes paroles. « Chère maman, votre
pauvre cœur est tout rempli de foi et d'a-
mour. — Et de soumission, » ajouta-t-elle
aussitôt.

Toute sa vie, elle avait manifesté une
singulière crainte d'être enterrée vivante ;
et il avait été convenu depuis longtemps
qu'après sa mort, son cœur serait embaumé et déposé au monastère de la Visitation, où avait vécu notre bonne Sabine, et
d'où elle était partie pour le Ciel. Je le lui
rappelai. « De cette manière, lui dis-je,
votre cœur sera toujours au milieu de

nous, et reposera jour et nuit près du Saint-
Sacrement. — Oui ; me répondit-elle. Quel
bonheur!... Cela vous aidera à mieux prier
et davantage pour moi. »

Elle devait communier le lendemain
matin, pour la fête de sa nt François de
Sales. Cette pensée adoucit beaucoup ses
souffrances, et la paix de DIEU qui domine
tout sentiment, la conserva plus que jamais en JÉSUS-CHRIST. « Vous pardonnez
bien à tout le monde, n'est-il pas vrais
chère maman, » lui dis-je, après lui avoir
renouvelé la sainte absolution et lui avoir
donné une de nos grandes Absolutions
franciscaines. Ce n'était pas que j'eusse le
moindre doute sur ses sentiments; mais
j'étais heureux de lui faire faire, aussi
souvent que le permettait sa faiblesse, des
actes sanctifiants d'amour, de résignation,
de patience. « Je pardonne à tout le monde,
répondit-elle doucement et gravement. Je

crois que je n'ai pas d'ennemi... Si j'en aî, je leur pardonne..., et j'espère que tout le monde... me pardonne aussi.

Le Jeudi, 29, après avoir dit pour elle, et DIEU sait avec quel cœur, la messe de notre grand et cher saint François de Sales, je lui apportai le Saint-Viatique, vers 7 heures du matin. Quel moment, et pour une mère mourante et pour un fils consacré à DIEU ! La plupart de mes frères et sœurs étaient là présents, ainsi que nos bons serviteurs. Après avoir adressé à ma mère chérie quelques paroles, je déposai sur ses lèvres le Corps adorable de CELUI qui garde ici-bas les âmes pour la vie éternelle. Nous priâmes autour d'elle, pour elle, avec elle. Elle nous bénit tous de nouveau. Cette communion du 29 janvier, de la fête de saint François de Sales, devait être là dernière. — O bon et adorable sacrement, ô mystère d'amour, dont ma mère se nourrissait presque chaque jour, et qui l'avez si saintement préparée à son éternité !

Dans la soirée de ce même jour, je me trouvai seul auprès de ma mère, avec la Sœur de Bon-Secours, que nous avions été obligés d'appeler à notre aide. « Chère maman, lui dis-je en profitant d'un moment de calme ; je vous ai donné la communion ce matin ; le bon DIEU est dans votre cœur. — Oh ! oui, me répondit-elle avec ferveur ; et je vais l'emporter au Ciel… Si saint François de Sales… voulait m'appeler à lui ! » Et la bonne Sœur me disait tout bas : « Si vous saviez avec quel sourire céleste elle vient de dire cela ! »

XIII

Le lendemain matin, vendredi, 30 janvier, la bonne Providence, exauçant un des vœux les plus ardents de cette chère mère, voulut que tous ses enfants, sans exception, fils et filles, gendres et belles-filles, se trouvassent réunis autour de son lit de mort. Les absents, mandés en toute hâte, venaient d'arriver. « Chère maman, lui dis-je, Notre-Seigneur vous a exaucée; voici tous vos enfants auprès de vous. » Et alors, dans une sorte de transport qui nous arrachait à tous des larmes d'attendrissement, d'admiration, de bonheur et de douleur tout ensemble, elle trouva la force de s'écrier, au milieu de ses étouffements : «Merci, mon DIEU ! merci, merci!.. Tout ce que je désirais !... Dernier bonheur ! » Puis, après un moment de recueillement, et comme toute ravie d'amour : « DIEU !... DIEU !... DIEU !... DIEU, mon amour!... mon amour.... Seigneur, mon amour... Seigneur... L'amour... l'amour!... l'amour!... DIEU et mes enfants!... » Et après un silence qu'interrompaient seuls nos sanglots : « L'amour!... Mon DIEU, que je meure vite! vite !... Je ne peux plus supporter tant de joie, tant de bonheur... Merci, mon DIEU, merci ... Quelle reconnaissance!... et quel bonheur!... Oh, je suis bien..., je suis bien... JÉSUS, mon DIEU... je vous aime... de tout mon cœur. »

Puis, se tournant vers nous, et levant sa pauvre main sur nos têtes : « Tous, tous!.. Je vous bénis tous, chers enfants! Vous

êtes tous en moi... Vous êtes là intérieu-
rement, » et elle montrait son cœur.

Elle ne quittait pas mon petit crucifix,
le crucifix de Sabine. « Elle le baise à tout
instant, avec une sorte de fièvre, me disait
Nathalie. Elle ne passe pas une minute
sans baiser la croix, sans la porter à son
cœur ou à sa pauvre poitrine. » L'ayant un
moment laissé échapper, elle poussa une
sorte de cri d'angoisse : « La croix? la
croix?... où est-elle ? » Et, l'ayant retrou-
vée, elle la serra de nouveau, ainsi que
ma main, qu'elle gardait toujours dans la
sienne.

Elle continuait à boire très-souvent de
l'eau de Notre-Dame de Lourdes. Chaque
fois, en approchant la cuillère de ses lèvres,
nous lui suggérions quelqu'invocation à la
Vierge Immaculée, qu'elle rédisait après
nous : « Notre-Dame de Lourdes, priez pour
nous !... Bonne Sainte-Vierge, secourez-

moi !... Venez à mon secours ! » Ce jour-
là, dans la matinée, ma pauvre mère crut
que le dernier moment était venu. D'une
voix brève, sans souffle, elle nous dit :
« C'est fini... Je n'ai plus de connaissance...
Vite !... une dernière fois... de l'eau de
Notre-Dame de Lourdes..., afin que je
meure avec elle... dans son sein ! » Et après
avoir bu quelques gouttes de l'eau bienfaisante, elle s'assoupit.

C'était un véritable martyre. Le médecin
pensait qu'elle passerait dans une de ces
syncopes. Il lui donna quelques calmants,
à très-petites doses ; aussi les assoupissements devinrent-ils plus habituels, plus
prolongés. Pendant des heures entières,
elle semblait ne plus rien entendre ; elle ne
répondait plus, excepté quand on lui parlait
du bon Dieu, ou lorsque la souffrance aiguë
l'arrachait à cette espèce de repos factice et
écrasant.

Vers 11 heures, ma sœur Henriette et mon frère Edgard étaient de garde avec moi auprès d'elle : « Faut-il que je souffre, dit-elle à demi-voix ; faut-il que je souffre, pour en être réduite à désirer quitter... ce que j'aime le plus ! » Quelques instants après, elle ajouta avec tendresse : « J'ai bien de la peine à vous quitter, mes enfants, mes chers enfants !... Mais que la volonté de Dieu se fasse..., et non la mienne !... »

Elle dit encore à Henriette, qui se trouvait seule auprès d'elle : « Je suis si bien !... si heureuse !... Quelle bonne mort ! »

Nous étions revenus à notre cher et douloureux poste. Elle dit avec amour : « O bon souvenir du cœur du bon Dieu..., et de mes enfants ! » Et, sentant venir une crise de suffocation, elle ajouta : « Gaston, j'ai peur... Je deviens méchante... J'ai **peur** d'une crise. » Et je la calmai en la bénissant et en lui donnant une fois encore la grâce de l'absolution, avec l'Absolution générale de saint François. La paix de l'âme rendit la paix au pauvre corps.

Le jour et la nuit, ma sœur de Malaret l'entourait de toutes sortes de soins, ainsi que la bonne Madeleine. Ma mère en était vivement touchée. « Nathalie, toujours là,... ma bonne et chère fille ! lui dit-elle une fois en l'apercevant. Ce sera pour toi une bénédiction et une consolation... pour toute ta vie... de m'avoir soignée comme tu l'as fait ! » Puis, nous voyant à ses côtés : « Gaston, toi aussi, toujours là... mon cher enfant... Mon cher Edgard..., mon fidèle !... Mon bon Anatole, cher enfant !... Je veux que vous sachiez que je vous aime tous.... mes pauvres chéris !... Mes fils.... mes filles.... je vous aime... oh, tous.... toutes... Oui, tous.... toutes. »

Nos deux fidèles serviteurs étaient là aussi, agenouillés, priant et pleurant. Ma

mère les aperçut. « Bon Saint-Jean !...
Pauvre Méthol, bon Méthol ! leur dit-elle
de sa voix épuisée. Je veux les embrasser....
Ils m'ont soignée comme mes enfants. »
Et elle les embrassa et les bénit.

Vers le soir, après un long assoupissement, elle murmura, en revenant à elle :
« Je ne suis pas morte ? » Et, avec une expression de tristesse : « Encore une nuit
pour mes pauvres enfants !.. C'est terrible ! »

Dans cet état, elle ne pensait qu'aux autres ; oubli complet d'elle-même, de ses
affreuses souffrances. Elle continuait ainsi
jusqu'à la fin ce qu'elle avait fait toute sa
vie. Parfois, au milieu même de ses crises,
elle entrait à cet égard dans d'incroyables
détails. Pendant une suffocation, elle pro-
nonça quelques mots entrecoupés, qu'elle
dut répéter. Elle demandait si la Sœur
avait un fauteuil, un manteau, une chauf-
ferette.

Parmi ses dernières recommandations, elle pensa à son ancien et très-pauvre jardinier des Nouettes, à qui elle faisait une petite rente, pieux héritage que nous avons tenu à recueillir. Elle voulut que ses souliers fussent donnés après elle à la femme de mon bon serviteur Méthol. « Ils lui vont bien, » dit-elle. Et elle ajouta quantité de petites recommandations de détail sur la distribution de quelques objets auxquels elle tenait davantage. Puis elle parla des principaux ouvrages de sa bibliothèque, de son argenterie, de ses services de table, de ses tableaux, exprimant ses derniers désirs avec une parfaite lucidité d'esprit et de mémoire.

Une charmante petite attention, vrai souvenir du cœur, lui fit dire encore : « Je laisse, comme souvenir, à notre bonne Sœur Marie Donat mes lunettes, avec l'étui. Elle a de mauvais yeux, et mes

lunettes lui allaient très-bien. » Ce petit
legs a été exécuté avec un religieux et
affectueux respect.

Ensuite elle bénit les absents, parlant
avec une tendresse toute maternelle de ses
petits-enfants et arrière-petits-enfants. « Je
les bénis et les embrasse tous, tous. » Et
elle tendait les bras comme pour les serrer
sur son cœur. « Les Anges veillent sur
terre, murmura-t-elle ;... j'espère être au
ciel un bon ange pour eux. »

L'assistance de Notre-Dame de Lourdes
continuait à être visible ; et ma pauvre
mère avait souvent sur les lèvres son nom
béni. « Notre-Dame de Lourdes! dit-elle
entre autres ce soir-là... Quels beaux et
saints souvenirs !... Bonne Notre-Dame de
Lourdes !... »

Quelque temps après, croyant sans doute
qu'elle allait expirer, elle dit : « Avec Notre-
Dame de Lourdes... une dernière bénédic-

tion... du haut du ciel... à mes enfants!...
Tous, je les bénis,... au nom du Père... et
du Fils... et du Saint-Esprit ! Ainsi soit-il. »

La crise passa encore ; et la pauvre mourante murmura tout bas : « Quand donc
viendra... le dernier soupir vainqueur ? »
J'étais là à genoux auprès d'elle « Quand
Dieu voudra, chère maman, lui dis-je. —
Oui... quand il voudra... Maintenant tout
n'est plus rien pour moi... sur la terre. »
Je lui donnai de nouveau la sainte absolution, pour la fortifier, pour ranimer sa confiance. Et Nathalie lui ayant demandé si
elle voulait un peu d'eau de Lourdes : «Oh,
oui ;... oui, toujours,... jusqu'à la fin de
ma vie... C'est si bon, si doux, si déli-
cieux... Je sens bien en moi... intérieure-
ment... dans tout mon corps... si c'est de
l'eau de Lourdes. »

En effet, dans la journée, notre provi-
sion d'eau de Lourdes menaçant de s'é-

puiser, on y avait mêlé un peu d'eau ordinaire. Comment s'en aperçut-elle ? C'est
à Notre-Dame de Lourdes qu'il faut le demander. Nous envoyâmes aussitôt frapper
à diverses portes amies ; et le soir même,
ainsi que les jours suivants, nous eûmes
de quoi satisfaire aux saints désirs de
notre chère malade.

Cette eau sacrée de la Sainte-Vierge
avait, mieux que tous les remèdes, la vertu
de la soulager. Après en avoir pris avide-
ment plusieurs cuillerées, elle dit une fois :
« Je suis si bien !... Je suis comme sur un
lit de plumes. » Or, ce lit de plumes, on en
constatait déjà les terribles douceurs, lorsqu'on était obligé de la changer. Une large
mare de sang baignait ses draps ; les reins
étaient à vif ; et, lorsqu'on la remuait dans
son pauvre lit, c'étaient des plaies saignan-
tes qu'on était obligé de froisser !

Et, au milieu de ce supplice, que la mi-

séricorde puissante de la Mère de Dieu
avait seule la vertu de faire momentané-
ment oublier, jamais une plainte, jamais la
moindre impatience. Cette énergie chrétienne ne se démentit pas un seul instant.

XIV

Chaque jour nous nous attendions à la voir mourir. Nous étions réduits, nous aussi, à demander au bon DIEU de hâter la fin de tant de souffrances. Hélas! le martyre, ou, pour mieux dire, le purgatoire de ma mère devait durer dix jours encore! Maintenant qu'elle en recueille la récompense, nous avons le courage d'en bénir le Seigneur ; mais, dans le moment, mon DIEU! mon DIEU! que c'était dur!

Le samedi, 31 janvier, elle laissa s'échapper de son cœur ces saintes paroles, qui sentaient déjà le Paradis : « O beauté de

Dieu !... et bonté, et bonheur !... Laissez-moi mourir. » Le fils de ma sœur Henriette, Armand, que ma mère aimait beaucoup, venait d'arriver de Bretagne pour recevoir la bénédiction de sa grand'mère. Quand elle l'aperçut, elle dit, malgré sa faiblesse toujours croissante : « Il n'en manquera pas un seul !... Cher petit Armand !... Mon enfant !... » Et elle l'embrassa tendrement. « C'est le dernier, ajouta-t-elle. O mon Dieu... merci !... Tous !... C'est le bonheur qu'il m'a promis... Oh ! quelle bonne mort !»

Elle renouvela l'offrande de sa vie, répétant plusieurs fois de suite : « Pour la France !... pour le Pape !... pour le Pape ! » Revenant ensuite à ses enfants, et toute plongée dans la paix et dans l'amour de son Dieu, elle ajouta : « Je bénis tout le monde... J'aime tout le monde... et surtout mes enfants... Je vous embrasse... Que je meure !... De l'eau de Lourdes !...

toujours..., jusqu'à la fin!... La Sainte-
Vierge nous unira tous... dans le bon
Dieu. »

Elle avait encore la force de prier pour
les âmes du Purgatoire, sa dévotion favo-
rite depuis bien des années. « Les pauvres
âmes du Purgatoire... elles sont délivrées?
me demanda-t-elle. — Oui, chère maman, lui répondis-je, celles que vos prières
et vos souffrances ont fait entrer au ciel.
Elles ne souffrent plus... Quel bonheur !
elles prient pour nous. »

S'oubliant toujours elle-même pour ne
s'occuper que de nous, elle nous dit, avec
un soupir : « Comme c'est long... pour
vous... mes pauvres enfants! »

Elle semblait, par moments, près de
succomber ; puis elle se relevait, sans qu'on
pût savoir comment ni pourquoi. Quelquefois même, elle prenait un peu de pain dans
du thé, ou bien encore, un peu de gelée.

Sauf cela, elle ne se soutenait qu'avec quelques cuillerées de vin de Frontignan, et avec de l'eau de Lourdes. J'avais eu l'heureuse idée de lui proposer de ce Fron tignan, que son cœur maternel avait aus- sitôt baptisé du nom de « vin de Gaston. » Toutes les deux heures on y mêlait quel- ques calmants, afin d'atténuer la violence des crises de suffocation.

Chaque matin je disais la messe pour elle. Ceux d'entre nous qui le pouvaient communiaient pour elle de leur côté. Nous demandions pour notre mère chérie, avant tout, une fin sainte et très-sainte ; mais aussi, si cela était possible, une fin douce et prompte.

En dehors de ses assoupissements, elle avait toute sa présence d'esprit, et sa belle intelligence, non moins que son excellent cœur ne faiblirent pas un instant.

Cet état continua, sans changement

notable, le dimanche 1ᵉʳ février. Voici celles de ses paroles que nous avons pu recueillir ce jour-là. C'était toujours la grande chré tienne et la mère pleine de tendresse.

« Adieu,... murmura-t-elle au milieu de ses souffrances et de sa faiblesse; adieu.. toujours avec vous... Adieu, vous tous... O mes enfants, j'étouffe de bonheur... Adieu... nous ne nous séparerons pas... Nous serons toujours ensemble... Adieu... bonheur!... Adieu, tous... Le bon Dieu... admirable!... Quel bonheur!... Quelle grande grâce! »

Et comme ma sœur Henriette lui disait en pleurant : « Comme c'est bon que tous vos enfants soient là, n'est-ce pas, maman? » Elle répondit avec amour; « Ce sont mes anges...J'ai tout... Je vous ai tous... Ah! que c'est bon... adieu. »

Dans cette même matinée, et comme pensant tout haut, elle dit : « Que c'est beau,... et que c'est bon!... Tout est bien beau... quand on a la vraie foi.

« Le pauvre Pape!... il est si bon... il priera la Sainte-Vierge pour moi... Je l'aime bien... Dis-le-lui... Pauvre Eglise catholique!... Est-ce qu'il y aura encore des persécutions religieuses? »

Vers 1 heure, toujours occupée de ces mêmes pensées de foi, d'amour, d'espérance, de piété maternelle, elle nous dit : « Je vis encore... J'aime bien le bon DIEU... Quand je serai morte, je verrai le bon DIEU... et la Sainte-Vierge... avec vous tous. — Maman, voici de l'eau de Lourdes, lui dis-je; prenez-en pour l'amour de la Sainte-Vierge. — Oui,... amour, » murmura-t-elle. Et, essayant de m'attirer à elle : « Ah! Gaston... mon cher Gaston! Mes enfants, tous bons catholiques... selon les vœux du Pape... du Saint-Père... Le Pape... Je veux tout ce que veut le Pape. »

Et, à la fin de la journée, comme je lui disais : « Chère maman, vous offrez vos souffrances à Notre-Seigneur? — Oui, répondit-elle doucement, — Jusqu'à la fin? — Oui... jusqu'à la fin. — Vous l'aimez de tout votre cœur? — Oh, oui... de tout mon cœur... Mes enfants !... Je les bénis encore. »

XV

Ma pauvre mère commença la journée
du lundi comme elle avait fini celle du dimanche, par ces douces paroles : « Mes
chers enfants, je vous bénis... encore. »
La nuit avait été, comme les précédentes,
un douloureux mélange d'étouffement et
de défaillances, pour ne pas dire d'anéantissement. Elle tombait alors dans des
assoupissements qui duraient parfois plusieurs heures. J'étais toujours dans la petite chambre à côté, où je reposais en compagnie de nos bons serviteurs Méthol et
Saint-Jean, lesquels se relayaient auprès

du lit de douleur, pour assister ceux de
mes frères et sœurs qui veillaient notre
pauvre mère. De là j'entendais les gémissements, les râles; et lorsqu'ils me semblaient se prolonger ou dépasser la mesure
ordinaire, je me levais; j'allais, moi aussi,
aider quelque peu, agiter le grand éventail, et surtout consoler, fortifier l'âme de
ma bonne mère. Elle m'entendait presque
toujours, et du premier coup. Combien je
bénissais DIEU de me trouver là, à ce beau
et redoutable poste d'amour sacerdotal, non
moins que d'amour filial! et combien nous
nous sentions tous unis les uns aux autres
par ce partage des mêmes fatigues, des
mêmes dévouements, des mêmes larmes,
des mêmes prières! Nous nous sommes
toujours bien aimés, entre frères et sœurs;
mais jamais nous ne l'avons si bien senti
que devant ce lit de souffrances et pendant
cette longue agonie. Oh! que notre mère

nous a fait de bien alors, sans le savoir!

Le matin, vers 5 heures, j'étais à genoux auprès d'elle. Je doutais qu'elle m'entendît; elle n'avait pas répondu à plusieurs paroles qui venaient de lui être adressées. « Chère maman, lui dis-je tout bas. — Mon cher enfant, me répondit-elle aussitôt, et avec sa bonne voix, si tendre, si affectueuse. — Souffrez-vous beaucoup? — Non; seulement de la soif. — Voulez-vous de l'eau de Notre-Dame de Lourdes? — Oh, oui. » Et après en avoir bu six ou sept cuillerées : « Oh! c'est bon!... c'est excellent... Notre-Dame de Lourdes!... Je la vois... elle passe. — Vous la voyez, chère maman? lui dis-je tout ému. — Oui, je la vois, » me répondit-elle paisiblement.

« Vous offrez bien toujours vos souffrances au bon Dieu? — Oui, toujours. — Et jusqu'à la fin? — Jusqu'à la fin. — Je vais dire la messe pour vous, la messe en

l'honneur de Notre-Dame de Lourdes, de
saint François d'Assise et de **saint Fran-**
çois de Sales. » Et elle me répondit : « Oh,
oui, la messe… Va vite… vite. » Et elle
retomba dans l'assoupissement.

A 2 heures, je lui renouvelai la Bénédiction Papale, **avec l'Indulgence plénière**
qui, nous rétablissant dans l'innocence,
éteint pour nous les flammes du Purgatoire.
Quelques instants après, elle me dit :
« Gaston, ta croix ; » et elle la baisa avec
amour, la tenant à deux mains longtemps
collée contre ses lèvres mourantes.

Quand elle reconnaissait quelqu'un, elle
retrouvait son bon sourire. L'assoupissement, qui n'était au fond qu'un commencement d'asphyxie, gagnait visiblement.
La souffrance aiguë était dominée par cet
état d'anéantissement très-pénible lui aussi,
et qui tenait quelque chose des angoisses de
l'agonie. Dans la soirée, je lui demandai

si elle souffrait beaucoup. « Non, me répondit-elle à demi-voix ; je ne souffre plus
depuis hier. » Et cependant, tout son corps
portait sur une large et affreuse plaie sai-
gnante ! Et cette plaie se développait
d'heure en heure, sous l'action d'âcres hu-
meurs qui enflammaient et rongeaient ses

XVI

Cette interruption de souffrances, jointe à
un peu plus de facilité pour avaler de la mie
de pain dans du thé, nous avait fait conce-
voir, malgré tout, quelques lueurs d'espérance. Une consultation avait été décidée
pour le mardi, 3 ; elle eut lieu, en effet, à
5 heures du soir. Mais ! dans quel état les
médecins   trouvèrent-ils   notre   pauvre
mère ! Dans la matinée, afin de lui donner
un peu de soulagement, et pour pouvoir
faire son lit à fond, nous l'avions assise
dans son grand fauteuil, et ce changement
de position avait paru lui faire plaisir.

Mais bientôt, vers 10 heures, un sommeil léthargique s'empara d'elle ; elle demeurait assise, sans mouvement, la tête tombant sur la poitrine, de telle sorte qu'au bout de quelques heures on fut obligé de la lui relever doucement et de la soutenir au moyen d'une bande de toile fixée au dossier du fauteuil. La congestion cérébrale était complète : ma mère n'entendait plus, ne voyait plus ; sa respiration, quoique forte et régulière, avait quelque chose d'insolite. Ses mains étaient violacées ; la gauche se refroidissait très-sensiblement. Son pauvre visage commençait à se gonfler. On essaya vainement de faire pénétrer entre ses lèvres contractées quelques gouttes de vin de Frontignan ou d'eau de Lourdes. La terrible asphyxie augmentait d'heure en heure.

Quand les médecins arrivèrent, ils déclarèrent que c'était fini, qu'il n'y avait

rien à faire, que la pauvre mourante ga-
gnerait peut-être le milieu de la nuit, tout
au plus le lendemain matin. Cette fois,
notre mère était pleinement en agonie, et
notre seule consolation devant cette mort
vivante était qu'elle ne souffrait plus et
qu'elle allait s'éteindre sans ces épouvan-
tables crises de suffocation qui nous avaient
si souvent déchiré le cœur, et que nous
redoutions tout particulièrement pour l'instant suprême.

Dans la soirée, nous récitâmes tous ensemble, autour de ma pauvre mère, les
admirables prières des agonisants, et mes
frères et beaux-frères ne voulurent à aucun
prix s'éloigner pendant cette dernière nuit.

Chose étrange, et tout à fait inexplicable! Vers 10 ou 11 heures, des phéno-
mènes inattendus se manifestèrent : les
mains froides se réchauffèrent; le pouls
monta, monta si bien, qu'à la plus pro-

fonde léthargie succéda, sans motif ap-
parent, un violent accès de fièvre : cent
trente pulsations ! La connaissance, la vie,
le mouvement revinrent peu à peu. On put
reporter dans son lit la pauvre malade.
Elle put avaler un peu d'eau de Lourdes,
et elle recommença à vivre, et par consé-
quent à souffrir. Notre miséricordieux Seigneur, sans doute pour lui épargner les
souffrances supérieures du Purgatoire,
qu'eussent réclamées et sa sainteté et sa
justice, voulut lui faire tout acquitter, dès
ce monde, à moins de frais. Tout ce que le
bon DIEU fait est toujours bien fait.

Le reste de la nuit se passa sans qu'il y
eût rien de nouveau. La fièvre tomba peu
à peu ; et à la congestion, à l'asphyxie de
la veille, avait succédé, sinon le sommeil,
du moins l'assoupissement accoutumé des
derniers jours. Nous ne savions plus que
penser.

XVII

Le lendemain matin, mercredi, à 4 heures et demie, j'étais agenouillé et je priais auprès de notre bonne mère. A tout hasard, je lui dis : « Chère maman? » Je fus aussi heureux que surpris de l'entendre me répondre immédiatement, d'une voix faible sans doute, mais très-nette : « Mon enfant, mon pauvre enfant! » — Souffrez-vous? — Non,... non; mais je suis très-fatiguée... Je m'en vais... je m'en vais. — Avec le bon Dieu... — Oui... avec le bon Dieu... » Et quelques minutes après : « Sainte-Vierge,... je vous remercie!...

Mon bon Jésus,... je vous aime... beaucoup.

— Chère maman, lui demandai-je, vous êtes toujours heureuse de souffrir pour l'amour du bon Dieu? — Oui, murmura-t-elle, oui,... heureuse. » Et je la quittai pour aller offrir le divin Sacrifice pour elle, pour son salut, pour une mort très-sainte, et, s'il se pouvait, très-douce. C'était le cri continuel de mon cœur.

Le reste de la journée, demi-assoupissement, demi-connaissance. Grand état d'humiliation physique, à cause des défaillances de son pauvre corps.

XVIII

La nuit du mercredi au jeudi fut agitée,
fièvreuse ; presque point de repos. A 5 heures du matin, elle me dit, ainsi qu'à Nathalie, qui l'avait veillée : « Je me sens
très-mal,... J'ai eu... toute la nuit... un
poids terrible,... qui m'écrase... Qu'est-ce
que c'est donc ? » Elle avait presque toujours les yeux fermés, et quand elle les ouvrait, elle ne distinguait plus guère.
« Pauvre maman, lui répondis-je, c'est
tout simplement la faiblesse, une forme de
la souffrance. — Oui, la faiblesse,...
comme tu dis très-bien... C'est lourd. —

La croix de Notre-Seigneur était bien lourde aussi. Vous êtes sur la croix avec lui. — Oh, oui, murmura-t-elle, sa croix était bien lourde... Croix... lourde!... Je suis sur la croix. — Et vous aurez, chère maman, avec le bon JÉSUS, la patience jusqu'au bout? — Je l'espère... Mais.. je redoute.. l'impatience. » Et comme je cherchais à la consoler un peu, en lui suggérant de nouveau une de ses pensées les plus habituelles : « Que la sainte volonté de DIEU soit faite! » elle murmura, de sa pauvre voix presque éteinte : « .... Et non la mienne. — Jusqu'à la fin, n'est-ce pas? jusqu'au dernier soupir? — Oh, oui... dernier soupir! — Et, pauvre maman, vous unissez toujours toutes vos souffrances aux siennes, sur sa croix? — De tout mon cœur. »

Je revenais de célébrer pour elle la sainte messe. Elle était éveillée, et je lui de-

mandai comment elle allait. « Je souffre
beaucoup, me répondit-elle simplement ;
je souffre... de partout. » Puis, elle ajouta
presque aussitôt, d'une voix grave, et résignée : « Plus on souffre, mieux cela vaut...
Cela mène au Ciel... On va au Ciel... »

Depuis huit jours, depuis la fête de saint
François de Sales, elle n'avait pas communié. Comme, la veille et ce matin-là
même, elle avait pu avaler sans peine un
peu de gelée et quelques bouchées de pain
bien détrempées dans du thé, la pensée me
vint de lui proposer de recevoir de nouveau, en viatique, la très-sainte Communion, qu'elle aimait tant et pour laquelle
elle était habituée à affronter toutes sortes
de fatigues. Je lui dis donc : « Chère maman, voudriez-vous communier encore une
fois ? — Je n'en ai pas la force, me répondit-elle,... je suis si faible... j'ai Jésus... dans mon cœur... J'espère bien...

qu'il est dans mon cœur... qu'il n'en sortira... jamais... Je n'ai pas la force... de penser à lui. . de le prier.... Il prie avec moi... à ma place. »

Nous étions tous autour d'elle, priant, pleurant, la regardant : « Chère maman, lui dis-je, vous avez autour de vous tous vos enfants qui prient avec vous et pour vous. — C'est un immense bonheur, répondit-elle ; tous... tous autour de moi... tous! — Comme nous voudrions souffrir à votre place! — Oh, moi, je ne le voudrais pas, reprit-elle aussitôt;... c'est terrible!... c'est si terrible, ce poids, cet affaissement... se sentir sans forces!... » Et, se rappelant que c'était son valet de chambre qui avait passé une partie de la nuit pour aider à la veiller, son bon cœur s'émut en pensant à lui. « Et mon pauvre Saint-Jean? demanda-t-elle ; est-il bien fatigué? »

La soirée et la nuit furent très-agitées, très-douloureuses. Depuis sa congestion du 3, une pensée étrange lui revenait de temps à autre, durant le demi-assoupissement où elle demeurait plongée pendant des heures et [des heures : elle se croyait morte déjà, morte et enterrée dans notre sépulture de Sainte-Anne, à Pluneret. Cette idée perçait de temps en temps. Ainsi, une fois que je lui offrais un peu d'eau de Lourdes, elle me dit : « De l'eau de Lourdes ?... Comme à Paris ?... C'est singulier ! » Et comme nous la rappelions à la réalité, elle revenait peu à peu à elle-même, ou bien rentrait dans l'assoupissement et le silence. Elle nous dit plusieurs fois : « Je suis morte. » C'était très-pénible à entendre, et ce devait être pour elle un état tout particulièrement pesant et douloureux.

Le bon Méthol la veilla cette nuit du jeudi, 5, au vendredi, 6. Il l'entendait murmurer à demi-voix et répéter : « Encore sur la terre !... Je les bénis tous... C'est dur... très-dur... O mon Dieu !.. ô mon Dieu !... je vous offre tout. » Elle invoquait à chaque instant Notre-Dame de Lourdes et disait : « Sainte-Vierge, priez pour moi. »

Comme gage de protection de la Vierge Immaculée, je lui avais mis, depuis plusieurs jours, sur la poitrine, mon scapulaire de l'Immaculée-Conception, avec l'image du Sacré-Cœur et du Cœur-Immaculé de Marie. Elle le garda jusqu'après sa mort.

XIX.

La nuit du vendredi au samedi fut terrible. Depuis les reins jusqu'au milieu des
jambes, et depuis une hanche jusqu'à l'autre, ce n'était qu'une plaie vive, toute sai-
gnante, à laquelle il était impossible de
porter remède. L'inflammation était telle,
qu'après sa mort on s'aperçut que la gran-
grène y était déjà. Le moindre mouvement
était donc un déchirement. Le côté gauche,
sous le bras, était également à vif.

Avec cela, elle étouffait, et ressentait
par moment de vives douleurs dans la ré-
gion du cœur. Enfin, comme surcroît d'é-

preuve, le bon Dieu avait permis que, depuis deux jours, se développât dans sa pauvre bouche, sur toute la langue, sur toutes les muqueuses du palais et de la gorge, une affreuse éruption de gros aphthes, mal très-douloureux, connu sous le nom de muguet, et qui, dans les grandes maladies, est toujours l'annonce d'une fin peu éloignée.

Au milieu de cette cruelle nuit, je me levai, et fus près d'elle. « Pauvre maman ! lui dis-je en l'embrassant avec tendresse. — Oh, oui… pauvre maman !.., me répondit-elle tout accablée, mais toujours douce, paisible, patiente ; la pauvre maman,… elle souffre beaucoup… C'est horrible ! — Chère bonne maman, vous êtes sur la croix avec Notre-Seigneur. C'est votre Calvaire. — Oui, mon Calvaire… sur la croix. — Vous retrouverez tout cela au Ciel, dans le sein de Dieu. — Je l'es-

père... avec vous,.. mes chers enfants...
Je vous aime,... et jamais... je ne vous
ai tant aimés... qu'au milieu... de ces
épreuves. »

Le matin, je la bénis comme d'habitude,
avant d'aller l'offrir à DIEU en union de la
divine Victime. « Chère maman, lui ré-
pétai-je, je vais dire la messe pour vous,
et demander pour vous à la Sainte-Vierge
la grâce de souffrir avec force, avec
amour. — Oui, oui,... c'est cela... avec
courage... avec amour... avec amour, »
me répondit-elle toujours avec la même
douceur. Et comme j'ajoutais : « La souffrance passe ; la récompense reste, » elle
dit : « Oui,... mais elle passe bien lente-
ment ! »

Au milieu d'invocations fréquentes, ar-
dentes, à la Sainte-Vierge, à la chère
Notre-Dame de Lourdes, elle buvait avi-
dement de l'eau miraculeuse. « Cela fait

du bien... à l'âme et au corps, » répétait-elle avec une grande foi, avec une grande reconnaissance.

A partir de 11 heures, assoupissements continuels jusqu'au lendemain dimanche, 8 février.

Le matin, à peine connaissance, ou du moins presque aucune parole. La vie s'en allait définitivement. A deux heures, somnolence interrompue par quelques gémissements. Je lui dis en la bénissant : « Souffrez-vous beaucoup...., pauvre maman? » Et, autant que sa faiblesse, ses aphthes pouvaient lui permettre de parler encore, elle me répondit : « Beaucoup... de partout. »

Elle était dévorée par une soif ardente, et elle pouvait à peine boire. **Elle** me reconnaît, cherche deux ou trois fois ma main, qu'elle veut porter à ses lèvres, et comme je lui suggérais doucement avec de

petites pauses, quelques pensées de résignation, d'amour, de confiance, afin de
l'aider à mériter davantage encore, je l'entendais murmurer tout bas, à chaque fois :
« Oui... oui, » et quelques autres paroles
inarticulées.

Elle semble retrouver un peu de forces
et de souffle pour répéter après moi :
« O Jésus !.. je vous aime...» Et elle ajouta
d'elle-même : « De tout mon cœur. » Il
était environ 2 heures. Cet acte de foi et
d'amour fut la dernière parole qui sortit
de ses lèvres en ce monde.

La congestion au cerveau priva bientôt
ma mère bien-aimée de toute connaissance, de tout sentiment. L'excellente
Sœur qui nous aidait à la veiller nous assura, quand vint le soir, que cet état de
léthargie durerait quelque temps encore,
et que nous pouvions sans crainte aller
prendre un peu de repos. Quant à elle,

elle se chargea de veiller pendant la nuit
et de prier en notre nom auprès de la
chère et sainte mourante.

Vers 1 heure du matin, je m'éveillai,
et n'entendant absolument rien dans la
chambre voisine, je crus devoir attendre ;
mais ne pouvant reposer, je me décidai à
me lever vers 3 heures, et, accompagné
de mon fidèle Méthol, je vins m'agenouiller
auprès du lit de ma pauvre mère. Le râle
de l'agonie proprement dite était commencé
depuis près d'une heure. Depuis la veille
au soir, elle n'avait fait aucun mouvement,
aucun signe ; il était évident qu'elle ne
souffrait plus. Le pouls était insensible, les
mains froides. Avant notre arrivée, la
bonne Sœur, qui n'avait pas cru devoir encore nous prévenir, avait récité deux fois
déjà les prières des agonisants, et allumé
près de ma mère le cierge bénit. Nous
priâmes de nouveau.

Vers 3 heures et demie, la respiration me semblant devenir plus haletante, plus faible, plus entrecoupée, je me décidai à faire réveiller ma sœur de Malaret toute brisée de fatigues qu'elle était, et nous envoyons Méthol prévenir à la hâte mes frères et sœurs.

Tout en reconnaissant que la fin était plus proche qu'elle n'avait pensé d'abord, la bonne Sœur persistait à croire que le dernier moment se ferait attendre au moins une heure encore, et peut-être même davantage.

Je couvrais, j'enveloppais, pour ainsi dire, la chère mourante de mes bénédictions répétées. Je venais, pour plus de sûreté, de lui renouveler une dernière fois, avec la grâce de l'absolution, la grande Absolution franciscaine *in articulo mortis*, c'est-à-dire la Bénédiction Papale et l'Indulgence plénière avec tous ses trésors de pardons; et, dans ses mains glacées, que j'avais jointes, je venais de placer le crucifix de Sabine. Il était 4 heures 1/4.

Tout à coup les hoquets s'arrêtent : « Je crois que c'est la fin, » nous dit la Sœur. Nous tombons à genoux. Je saisis le crucifix et l'applique sur les lèvres de ma mère. Je bénis son dernier soupir... Après quelques secondes d'une angoisse, d'une émotion qui me brise encore le cœur, j'entends deux ou trois bruits sourds qui partaient du fond de la gorge....; puis, plus rien. Ma mère chérie était devant Dieu !

C'était le lundi 9 février. Il était 4 heures 20 minutes du matin. Mes pauvres frères n'avaient pas eu le temps d'arriver.

Dès que je pus articuler quelques paroles, je récitai, avec Nathalie, Madeleine et la Sœur, le *De Profundis*, et le *Magnificat*, la prière de la propitiation et la prière de l'action de grâces. De mes mains consacrées, je fermai les yeux de ma mère.

Une demi-heure après, je me hâtai d'aller offrir pour elle l'adorable et tout-puissant Sacrifice, chargeant la Vierge Immaculée, Notre-Dame de Lourdes, saint Joseph, sainte Anne, notre Père saint François d'Assise, et notre bon saint François de Sales d'obtenir pour ma mère, non le salut éternel qui me semblait un fait accompli et évident, mais l'admission immédiate dans la gloire des Bienheureux, dans la béatitude du Paradis. Une joie surnaturelle dominait en mon cœur la douleur filiale; je sentais ma mère sauvée, sauvée éternellement.

XX

Très-peu de temps après que son âme eut quitté son corps, celui-ci revêtit un calme, une paix, presque une beauté qui frappèrent tout le monde. Après l'avoir lavé, la bonne Sœur lui mit le vêtement complet de Tertiaire, dont je m'étais muni, selon le vœu de ma mère. Elle était là, revêtue de l'humble robe franciscaine, ceinte de la pauvre corde, la tête et les épaules couvertes du voile blanc d'abord, puis du voile noir par dessus. Elle avait le crucifix sur la poitrine et le chapelet à la ceinture. Les deux mains étaient croisées sur sa poitrine, la droite sur la gauche, paraissant presser sur son cœur la croix de son DIEU.

Plusieurs personnes, qui vinrent prier près d'elle ce jour-là et le lendemain, furent singulièrement frappées de la majesté et de la sérénité de son visage. « Quelle belle morte ! me dit une amie pieuse ; quelle expression de paix et de sainteté ! J'ai vu bien des morts ; mais je n'en ai jamais vu qui ressemblât à cela. »

Nous nous relevions pour prier les uns après les autres auprès de ces restes vénérés.

Le lendemain matin, mardi 10 février, vers 9 heures et demie, le docteur Ferrand et son digne ami, M. Roussel, retirèrent le cœur pour l'embaumer, et, suivant le saint désir de ma mère, le faire déposer au monastère de la Visitation. J'appris, bientôt après, une chose qui m'émut et me consola grandement, et dont je fis part, avec toute la réserve convenable, à mes frères et sœurs : M. Roussel, qui depuis trois jours avait une fièvre violente, et qui, le matin même du mardi, ne savait trop comment il pourrait tenir sa parole et aller au rendez-vous fixé par le docteur, se sentit complétement délivré de sa fièvre au moment où le cœur de ma sainte mère fut déposé dans ses mains. Dans les premiers jours de son agonie, ma mère m'avait dit : « J'espère que dans sa bonté, Dieu daignera lorsque je ne serai plus, te donner un signe quelconque pour te consoler et te faire connaître où je serai. » Cette délivrance subite, sans cause naturelle apparente, n'était-elle point le signe consolateur ?

Le mardi soir, vers 8 heures, on apporta le cercueil de plomb et de chêne qui devait recevoir la dépouille mortelle de ma mère.

Mes frères et beaux-frères, assistés de nos fidèles serviteurs, Méthol et Saint-Jean, lui rendirent ce dernier devoir.

Le mercredi, 11, à 9 heures, eurent lieu les funérailles dans l'église Sainte-Clotilde. On m'a dit que l'aspect de la nombreuse assistance qui remplissait l'église était non-seulement grave et respectueux, mais particulièrement sympathique, recueilli, édifiant. Je me réservai l'honneur filial et le bonheur sacerdotal de célébrer devant ces chères dépouilles le divin Sacrifice. J'espère que mon DIEU aura entendu le cri de mon cœur, uni à la voix du sang de son Fils.

Mgr l'Évêque de Poitiers, alors à Paris, et qui fut pour nous, pour moi en particulier, en ces jours de deuil, d'une bonté, d'une charité touchantes, daigna faire l'absoute et mêler sa puissante prière à nos prières et à nos larmes. « Cher ami, me disait-il, on devient vieux, à partir du jour où l'on n'a plus sa mère. »

Le cher cercueil fut déposé dans le caveau de l'église ; et, dès le jour même, les dalles du caveau furent pieusement ornées de fleurs et de couronnes.

Le dimanche soir, 15 février, le cercueil, transporté au chemin de fer de l'Ouest, où nous l'attendions, arriva avec nous le lendemain matin à la gare de Sainte-Anne d'Auray. L'arrivée de ma bonne mère fut saluée par un arc-en-ciel, gage d'espérance. L'excellent recteur de Pluneret avait tout préparé.

A 11 heures, l'abbé Diringer célébra une messe basse, à laquelle assistèrent beaucoup de pauvres. Et après, les restes de ma bonne, tendre, admirable et pieuse mère furent confiés à la terre, où je les bénis une dernière fois, au milieu de larmes bien douces et à la fois bien amères, au nom du Père, et du Fils, et du Saint-Esprit.

Ma mère repose là, tournée vers le grand crucifix du cimetière, presque en face et tout près de l'image de son DIEU et de son Sauveur. Sur sa tombe a été placée par notre piété filiale une belle dalle de granit, portant cette inscription :

ICI REPOSE

EN NOTRE-SEIGNEUR JÉSUS-CHRIST

SOPHIE ROSTOPCHINE

COMTESSE DE SÉGUR

AU TIERS-ORDRE DE SAINT-FRANÇOIS

SŒUR MARIE-FRANÇOISE DU SAINT-SACREMENT

NÉE A SAINT-PÉTERSBOURG

LE 19 JUILLET 1799

DÉCÉDÉE A PARIS LE 9 FÉVRIER 1874

PIE JESU DOMINE

DONA EIS REQUIEM SEMPITERNAM

(Sept ans d'Indulgences.)

Au chevet de la tombe, se dresse une

croix massive également en granit, d'un pied et demi à deux pieds de hauteur, avec ces paroles, qui résument toute la vie, tout le cœur de ma bonne mère :

DIEU ET MES ENFANTS !

Ma place est réservée à côté d'elle ; place d'honneur et d'amour.

Cette modeste sépulture est comme protégée par trois jolies statues de terre cuite blanche : au milieu s'élève celle de Notre-Dame de Lourdes, ayant à sa droite celle de saint François d'Assisse et à sa gauche celle de saint François de Sales.

Quelques jours après le départ de ma mère pour la patrie éternelle, où j'espère bien que nous la rejoindrons tous, son père spirituel, m'écrivait les lignes suivantes, que je crois devoir transcrire ici :

« Plus que d'autres, j'ai des raisons de comprendre tout ce que vous a laissé de consolations l'amertume de la précieuse mort de votre vénérée mère, car il m'a été donné de la voir se préparer à paraître devant Notre-Seigneur.

« Il y a longtemps déjà que ce bon Maître lui avait annoncé l'heureuse nouvelle de sa fin ; je dis : annoncé, parce que, seule, elle ne s'est jamais fait illusion à cet égard, et elle m'en parlait comme d'un événement sur lequel *elle comptait* pour cet hiver. Jamais il n'en était question entre nous, sans que son visage s'illuminât suavement ; je ne sais quoi de prédestiné animait alors ses traits ; et, dans son langage, il y avait tant de filiale confiance, que rien ne lui paraissait simple comme de compter absolument sur la bonté de DIEU et de parler du Ciel comme on parle d'une terre dont on ira bientôt prendre possession.

« Ce caractère de noblesse d'âme résume tout ce que le bon DIEU m'a fait la grâce de connaître et d'admirer en elle. Les vertus chrétiennes, je dis les plus rudes à notre grande faiblesse, semblaient chez elle un heureux fond de nature. Elle était héroïque dans des choses incapables, en apparence, de toute grandeur ; elle ne faisait rien *petitement*, et les grandes choses, elle les faisait si naïvement, qu'on eût dit qu'elles ne lui coûtaient rien.

« Elle aimait extrêmement tous les chers siens ; elle me parlait souvent d'eux, mais c'était si bien pour DIEU et pour eux-mêmes, que la pensée ne lui venait pas de songer aux consolations ou aux peines que leurs joies ou leurs tristesses occasionneraient à son propre cœur ; vraiment toute à tous, elle s'oubliait absolument elle-même, et pourvu que tout allât bien pour eux, pour elle tout allait toujours à merveille.

« Je fais des vœux pour que l'un de ceux qui ont connu toute sa vie, en conserve tous les précieux détails ; pour ma part, je ne crains pas de me tromper en disant que cette tâche serait bien difficile, parce que, à l'exemple de Notre-Seigneur, elle a tout simplement fait, de tout cœur, tout ce qu'elle a fait : *bene omnia fecit;* et DIEU et le prochain sont si bien tout dans sa vie, qu'elle échapperait elle-même, pour ainsi dire, à qui la voudrait peindre.

« Elle n'a rien soupçonné de la majesté particulière de son âme ; l'humilité, qui est la vérité, lui montrait notre néant, et elle était contente, *parce que c'est vrai ;* et la charité lui faisait rechercher uniquement le bon DIEU en tout, comme il le mérite, et elle était contente, *parce que c'est vrai.*

« Je ne sais, Monseigneur, si je me fais comprendre : ces choses, parce qu'elles sont de DIEU, se rendent très-imparfaitement dans le langage humain; mais tous ceux, du moins, qui ont assisté aux dernières heures de sa vie, m'entendront très-bien. Quelle admirable simplicité dans l'héroïsme de son courage! Comme elle se réveillait grande et noble, au sortir d'un sommeil de mort! Comme c'était bien pour Dieu, qu'elle effeuillait une à une les dernières énergies de son intelligence et de son cœur! « Mon Dieu, je vous aime; oh! « oui, de tout mon cœur. » « Oh! quel bon- « heur de souffrir pour Dieu! de mourir « dans son amour! »

« Que Dieu soit béni, Monseigneur, de vous avoir donné une telle mère! Qu'il soit béni aussi, de vous avoir laissé à ses côtés pour l'aider à mourir aussi noblement et saintement qu'elle a vécu; vous n'avez pas vu en ce monde la béatitude de ses traits quand elle reposait sur son lit funèbre; mais vous lisez dans le Cœur de notre

Sauveur qu'elle est heureuse au Ciel.

« Merci de me l'avoir fait connaître; merci de m'avoir procuré l'honneur de la servir dans les dernières années de sa vie; je m'efforcerai de profiter, pour mon amendement, pour l'avancement des âmes, pour votre consolation, pour la gloire de DIEU, des exemples qu'elle m'a donnés. Nous prierons encore, et beaucoup, pour elle, afin de ne pas prévenir les jugements de DIEU; mais elle priera mieux encore pour nous, car elle ne peut-être, là-haut, que sûrement ce qu'elle était ici-bas: parfaitement bonne. »

XXI

Le caractère de ces pieux souvenirs me
permet de noter ici un ou deux détails
bien consolants, qui n'ont pas peu contri-
bué à adoucir, je dirais presque à réjouir
mon cœur, au milieu de ces douleurs.

Une des âmes exceptionnellement saintes à qui j'avais pu recommander avec plus
d'instance le salut et la sanctification de
ma mère, pendant sa maladie et après sa
mort, me dit confidentiellement, très-peu
de jours après son décès, que Notre-Seigneur
avait daigné lui donner à son sujet des as-
surances bien consolantes; et elle ajouta

que, pendant ces longues luttes, notre
sainte sœur Sabine avait beaucoup assisté
ma mère, ainsi, du reste, qu'elle nous l'a-
vait promis en mourant.

Une autre âme très-privilégiée, fervente
Tertiaire de Saint-François, me dit quelque chose de plus précis et de meilleur
encore. Comme je lui recommandais de
beaucoup prier pour ma mère, elle me répondit, d'un ton affirmatif qui ne lui est
point naturel : « Elle n'en a pas besoin ;
elle est au ciel. » Et comme je lui répon-
dais qu'il ne fallait pas canoniser ainsi trop
facilement ceux que nous avons perdus,
de peur de les laisser languir en Purgatoire, elle reprit : « Par obéissance, si vous
le désirez, je prierai bien le bon DIEU pour
elle ; mais je sais qu'elle n'en a plus
besoin. — Et comment le savez-vous ?
lui dis-je. — Madame votre mère, me
répondit-elle avec gravité, après un petit

moment de recueillement, madame votre mère a eu un Purgatoire très-court et très-doux. Elle est entrée au ciel le lendemain matin de sa mort... Ceci, je le sais. » Et elle ajouta avec émotion : « Vous êtes bien heureux d'avoir au ciel une aussi sainte mère. »

Ce qui m'émut singulièrement, quand je réfléchis à cette communication, c'est la coïncidence de ces dernières paroles avec ce qui était arrivé le mardi matin, le lendemain même du décès de ma mère bien-aimée, lors de l'extraction de son cœur.

Quoi qu'il en soit, je ne puis plus guère prier *pour* ma bonne mère ; c'est plutôt *avec* elle que je prie, remerciant avec elle le sacré Cœur de JÉSUS, la sainte et immaculée Vierge MARIE, de la grâce qui lui a été donnée sur la terre et du bonheur éternel que cette grâce lui mérite dans le ciel. C'est dans ces intentions que j'offre pour elle le saint Sacrifice, lui continuant ainsi les soins de mon amour filial.

Et puis, en priant, en suppliant pour les âmes saintes qui sont déjà au ciel, comme si elles étaient encore au Purgatoire, ne rendons-nous pas hommage à la justice infinie et à l'infinie sainteté de DIEU, qui ne sauve ses créatures pécheresses que par les adorables miséricordes de son amour.

Donc, nous prierons toujours pour notre mère, pour elle et avec elle. Au *De Profundis* de l'humble supplication, nous unirons le beau *Magnificat* de l'action de grâces.

Jusqu'à la fin de ma vie, tous les jours, à l'autel du Seigneur, je porterai le souvenir de ma mère, accompagné du souvenir de mon père, de ma sœur, de tous les nôtres. Quelle grâce pour une mère, pour un père, pour des frères et des sœurs, que d'avoir un fils, un frère prêtre? En nous laissant entrer dans l'état sacré du sacer-

doce, nos parents se rendent à eux-mêmes
.e plus grand service que l'on puisse se
rendre ici-bas, et là-haut. Dieu veuille, en
sa miséricorde, accorder dans l'avenir à
notre famille la grâce insigne de compter
toujours dans ses rangs au moins un prêtre
et une Religieuse !

XXII

Le cœur de ma mère, embaumé avec un religieux respect par M. Roussel, a été déposé dans ma chapelle d'abord, pendant quelques jours puis, quand tout a été prêt, dans l'avant-chœur du monastère de la Visitation, aussi peu éloigné que possible du très-saint Sacrement. L'opération de l'embaumement a duré plus d'un mois. Elle a été faite avec les soins les plus délicats, et a réussi, paraît-il, au-delà de toute attente.

Pendant tout ce temps, le pauvre et cher cœur déposé sur des linges blancs, était toujours couvert, et personne n'entrait dans la petite pièce où se faisait l'opération. Il était entouré de fleurs ; une petite croix ou une petite médaille semblait le garder, et une veilleuse brûlait nuit et jour à côté de lui, dans une pensée de vénération et de prière.

Dans la petite châsse de plomb où il a été renfermé, enveloppé de ouate et de satin blanc, nous avons tenu à faire déposer, au milieu des aromates, un petit crucifix d'argent, une médaille à l'effigie du Saint-Père, bénite et donnée par lui-même, une belle médaille de Notre-Dame de Lourdes, une autre de saint Joseph, une de sainte Anne, et enfin une de saint François d'Assise, et une de saint François de Sales et de sainte Jeanne de Chantal, bénite à Annecy. A ces objets pieux, on a voulu joindre un *Agnus Dei* donné jadis par le Pape. Sur le couvercle de plomb est gravée la même inscription que sur la pierre tombale.

La châsse de plomb est renfermée elle-
même dans une sorte de petit sarcophage
d'ébène, doublé de velours violet, et dont
l'unique ornement est un cordon de Saint-
François, incrusté artistiquement dans le
bois et enveloppant, encadrant une petite
plaque d'ivoire qui porte ces mots :

ICI EST DÉPOSÉ

LE CŒUR DE SOPHIE ROSTOPCHINE,

COMTESSE DE SÉGUR

DÉCÉDÉE LE 9 FÉVRIER 1874

�֍ IN PACE ✖

L'excellente Mlle de Mauroy, qui a toujours beaucoup aimé ma pauvre mère, a
voulu absolument faire faire elle-même, et
à ses frais, ce précieux sarcophage. Nous
en avons fait le dépôt à la Visitation le
19 mars, en a fête de saint Joseph.

En terminant ces quelques pages, j'ose demander à tous ceux qui les liront et à qui elles feront du bien, de vouloir bien prier avec nous pour cette âme si chère, et offrir pour elle aux Cœurs sacrés de Jésus et de Marie quelques pieuses prières, des Indulgences, des pénitences, des aumônes, quelques ferventes communions.

Que Notre-Seigneur leur rende au centuple ce qu'ils voudront bien faire à cet égard ?

TABLE

LIBRAIRIE SAINT-JOSEPH. — TOLRA, ÉDITEUR

112, RUE DE RENNES, A PARIS

LISTE COMPLÈTE DES OUVRAGES

DE

MONSEIGNEUR DE SÉGUR

Prix des volumes expédiés franco *par la poste*
par unités et par nombres

A ceux qui souffrent. — Consolations, 1 vol. in-18........ » 90
20 exemp. *franco*.......... 15 »»
Aux Apprentis. — Avis et conseils, 1 vol. in-18......... » 30
25 exemp. *franco*.......... 5 »·
Au Soldat en temps de guerre, 1 vol. in-18............... » 10
100 exemp. *franco*......... 5 »»
Le Bon Combat de la Foi, 1 vol. in-18............... » 40
25 exemp. *franco*.......... 7 50
Causeries sur le Protestantisme, 1 vol. in-18............... » 90
20 exemp. *franco*.......... 15 »»
Le Concile, 1 vol. in-18.... » 30
25 exemp. *franco*.......... 5 »»
La Confession, 1 vol. in-18. « 30
25 exemp. *franco*.......... 5 »»
La Confirmation, 1 v. in-18. » 50
25 exemp *franco*.......... 10 »·
Conseils pratiques sur la Confession, 1 vol. in-18...... » 15
50 exemp. *franco*.......... 5 »»
Conseils pratiques sur la Communion, 1 vol. in-18..... » 20
50 exemp. *franco*......... 7 50
Conseils pratiques sur la Piété, 1 vol. in-18............... » 40
25 exemp. *franco*.......... 7 50

Conseils pratiques sur la Prière, 1 vol. in-18.............. » 30
25 exemp. *franco*.......... 5 »»
Conseils pratiques sur les Tentations. 1 vol. in-18...... » 40
25 exemp. *franco*.......... 7 50
Notice sur le Cordon de Saint-François, in-18 *le cent*.. 2 »»
Le Denier de St-Pierre, 1 vol. in-18...................... » 10
100 exemp. *franco*......... 5 »»
Le Dogme de l'Infaillibilité, 1 v. in-18...................... 1 25
Le Cordon Séraphique. — Ses merveilleuses richesses, 1 volume in-18................... » 30
25 exemp. *franco*.......... 5 »»
La Divinité de Jésus-Christ, 1 v. in-18....................... » 30
25 exemp. *franco*.......... 5 »»
Les Ennemis des Curés. — Ce qu'ils sont, ce qu'ils disent, 1 vol. in-18...................... » 30
25 exemp. *franco*.......... 5 »»
L'École sans Dieu, 1 volume in-18...................... » 30
25 exemp. *franco*.......... » »»
L'Église, 1 vol. in-18........ « 15
50 exemp. *franco*........... 5 »·

SUITE DES OUVRAGES DE MGR DE SÉGUR

L'Enfant-Jésus, 1 vol. in-18. » 30
  25 exemp. *franco*.......... 5 »»
L'Enfer. — S'il y en a un, ce que
  c'est, comment l'éviter, 1 volume
  in-18...................... » 50
  25 exemp. *franco*.......... 10 »»
**La France au Pied du Sacré-
Cœur**, 1 vol. in-18......... » 10
  100 exemp. *franco*......... 5 »»
**La Foi devant la Science mo-
derne**, 1 vol. in-18....... » 50
  25 exemp. *franco*.......... 10 »»
**La France au Pied du Saint-
Sacrement**, 1 v. in-18.... » 50
  25 exemp. *franco*.......... 10 »»
Les Francs-Maçons. — Ce qu'ils
  sont, ce qu'ils font, ce qu'ils veu-
  lent, 1 vol. in-18,.......... » 40
  25 exemp. *franco*.......... 7 50
Grosses vérités, 1 v. in-18. » 15
  50 exemp. *franco*.......... 5 »»
Instructions Familières. — Et lectures du soir sur toutes les vérités
  de la Religion, 2 vol. in-12. 6 »»
Je Crois, 1 vol. in-18...... » 50
  25 exemp. *franco*.......... 10 »»
Jésus-Christ. — Considérations familières sur la personne, la vie et
  le mystère du Christ, 1 volume
  in-18...................... » 70
  25 exemp. *franco*.......... 15 »»
**Hommage aux jeunes Catho-
liques libéraux**, 1 v. in-18. » 50
  25 exemp. *franco*.......... 10 »»
Le jeune Ouvrier Chrétien. —
  Petites directions spirituelles à
  l'usage des jeunes gens, 1ᵉ partie,
  1 vol. in-18............... 1 »»
  25 exemp. *franco*.......... 20 »»
Le Jeune Ouvrier Chrétien. —
  2ᵉ *partie*, 1 vol. in-18..... 1 25
  20 exemp. *franco*.......... 20 »»
La Lampe du Saint-Sacrement,
  1 vol. in-18............... » 15
  50 exemp. *franco*.......... 5 »»
La Liberté, 1 vol. in-18.... 1 25
Ma Mère. — Souvenir de sa vie et
  de sa sainte mort, avec portrait
  1 vol. in-12............... 2 50
  Le même sans les portraits, 2 »»

Le Mariage, 1 vol. in-18.... » 60
  50 exemp. *franco*.......... 7 50
**Les Merveilles de Sainte-Anne
d'Auray**, 1 vol. in-18.... » 50
  25 exemp. *franco*.......... 10 »»
Les Merveilles de Lourdes. —
  1 vol. in-18............... 1 »»
  25 exemp. *franco*.......... 20 »»
La Messe, — Opuscule populaire,
  1 vol. in-18............... » 50
  25 exemp. *franco*.......... 10 »»
Le Mois de Marie, — I volume
  in-18...................... » 90
  20 exemp. *franco*.......... 15 »»
**Objections populaires contre
l'Encyclique**, in-18....... » 20
  50 exemp. *franco*.......... 7 50
Le Pape, question à l'ordre du jour,
  nouv. édition in-18........ » 15
  50 exemp. *franco*.......... 5 »»
Le Pape est infaillible, 1 vol.
  in-18...................... » 15
  50 exemp. *franco*.......... 5 »»
Les Pâques in-18........... » 10
  100 exemp. *franco*........ 5 »»
**La Passion de Notre-Seigneur
Jésus-Christ**, in-18....... » 20
  50 exemp. *franco*.......... 7 50
Une petite Sainte de neuf ans. —
  Notice biograp., — in-18. » 40
  25 exemp. *franco*.......... 7 50
Pie IX et ses Noces d'or. —
  1 vol. in-18............... » 50
  25 exemp. *franco*.......... 10 »»
La Piété enseignée aux enfants.
  — Un beau vol. in-18...... 3 50
La Piété et la vie intérieure. —
  1ᵉʳ Traité. **Notions fondamen-
tales**, 1 v. in-18.......... » 35
  — 2ᵉ Traité. **Le Renoncement**,
  1 vol. in-18............... » 50
  — 3ᵉ Traité. **La grâce et l'amour
de Jésus**, 2 vol. in-18..... 2 50
  — 4ᵉ Traité. **L'union à Jésus ou
le Chrétien vivant en Jésus**,
  1 vol. in-18............... 1 25
  — 5ᵉ Traité. **Nos Grandeurs en
Jésus.** 1ʳᵉ *partie*, 1 v. in-18. 1 50
  2ᵉ partie, 1 vol. in-18....... 1 50
  3ᵉ partie, 1 vol. in-18....... 1 50

La présence réelle, 1 volume in-18 .... » 50
25 exemp. *franco* .... 10 »»
Prêtres et Nobles, 1 volume in-18 .... » 30
25 exemp. *franco* .... 5 »»
Prie-Dieu pour l'adoration du Saint-Sacrement, 1 volume in-32 .... » 75
25 exemp. *franco* .... 15 »»
La Religion enseignée aux petits enfants, — in-18 .... » 40
25 exemp. *franco* 7 50
Réponses aux objections les plus répandues contre la Religion. — 1 vol. in-18 ..... » 80
25 exemp. *franco* .... 15 »»
La Révolution, — 1 v. in-18. » 60
20 exemp. *franco* .... 10 »»
Le Sacré-Cœur de Jésus. — — 1 vol. in-18 .... » 80
25 exemp. *franco* .... 15 »»
Les Saints Mystères. — Explications familières des cérémonies de la Messe, 1 vol. in-18 ..... » 75
25 exemp. *franco* .... 15 »»
La Sainte Vierge dans l'ancien Testament, in-18 .... » 90
20 exemp. *franco* .... 15 »»

La Sainte Vierge dans le Nouveau Testament. — in-18 » 90
20 exemp. *franco* .... 15 »»
Le Séraphique Saint-François, — merveilles de la vie. 1 vol. in-18 .... » 90
20 exemp. *franco* .... 15 »»
Le Souverain Pontife. — 1 vol. in-18 .... 1 25
Le Tiers-ordre de Saint-François. — 1 vol. in-18 ..... » 50
25 exemp. *franco* .... 10 »»
Tous les huit Jours. — 1 volume in-18 .... » 20
50 exemp. *franco* 7 50
La Très-sainte Communion. — 1 vol. in-18 .... » 30
25 exemp. *franco* .... 5 »»
Venez tous à moi. — 1 volume in-18 .... » 15
50 exemp. *franco* .... 5 »»
Vive le Roi ! in-18 .... » 35
20 exemp. *franco* .... 5 »»
Les Volontaires de la Prière, in-18 *le cent* .... 2 »»
Y a-t-il un Dieu qui s'occupe de nous, — in-18 .... » 15
50 exemp. *franco* .... 5 »»

VIENT DE PARAÎTRE

BELLE EDITION ILLUSTRÉE

DES

RÉPONSES COURTES ET FAMILIÈRES

AUX OBJECTIONS LES PLUS RÉPANDUES

CONTRE LA RELIGION

Par MGR DE SÉGUR

Un beau et fort volume in-8° orné de nombreuses gravures, d'après les dessins de Firmin BOUISSET, gravés par PETIT.
Prix : **2 fr. 50**, *franco*, **3 fr. 50**

Frises, lettres ornées, culs-de-lampe, couverture tirée en rouge et noir avec vignettes.

ÉMILE COLIN. — IMP. DE LAGNY.

www.ingramcontent.com/pod-product-compliance
Ingram Content Group UK Ltd.
Pitfield, Milton Keynes, MK11 3LW, UK
UKHW020247180726
13839UKWH00001B/219